Ellen Hosbach

AYUR-VEDA wirkt natürlich

Maharishi Ayur-Veda, die wirkungsvolle Orientierung für ein besseres und gesünderes Leben

WINDPFERD
Verlagsgesellschaft mbH.

1. Auflage 1990
2. Auflage 1991
3. Auflage 1992

Illustrationen: Guffler Design, Augsburg
Umschlaggestaltung: Wolfgang Jünemann
Gesamtherstellung: Schneelöwe, Aitrang
ISBN 3-89385-063-5

Printed in Germany

Inhaltsverzeichnis

Einleitung 5

Maharishi Ayur-Veda - Wissen vom Leben 9

Kapitel 1
Der Weg zu Gesundheit, Glück und Wohlbefinden 13
Das ganzheitliche Weltbild des Ayur-Veda

Kapitel 2
Ayur-Veda - Wissenschaft vom Leben 21
Die Hauptmerkmale des Maharishi Ayur-Veda

Kapitel 3
Der Mensch und die fünf Elemente 31

Kapitel 4
Du bist was und wie du ißt 45

Kapitel 5
"Glücklich schlank" 61
Sag "Ja" zu Dir selbst
und laß Dein Gewicht los!

Kapitel 6
Pancha-Karma - Ayur-vedische Reinigungstherapie in Deutschland 77

Kapitel 7
Maharishi Ayur-Veda und die westliche Medizin 83
Mutter - Kind - Programm

Kapitel 8
Die Kraft aus der Stille 89
Der Weg zu mehr Erfüllung und weniger Stress

Kapitel 9
Einfache Yoga-Übungen für mehr Lebensfreude, Vitalität und Gesundheit 93

Kapitel 10
Ayur-Veda im Alltag 103
Praktische Erfahrungen und Empfehlungen für jeden

Anhang:
Die wichtigsten Adressen. 121

Literaturhinweise 122
Maharishi Ayur-Veda - Wissen vom Leben

Einleitung

"Der Mensch ist zur Freude geboren. Denn die Ausdehnung von Glück ist Zweck der Schöpfung."

Maharishi Ayur-Veda, das umfassende Gesundheitssystem, das aus Indien zu uns nach Deutschland kommt, ist das nicht ein Widerspruch in sich? Kann eine östliche Heilmethode bei uns erfolgreich sein? Diese oder ähnliche Gedanken beschäftigen wohl jeden westlich ausgebildeten Mediziner, wenn er beginnt, sich mit diesem neuen - uralten Gebiet der Medizin zu beschäftigen. Auch die Patienten, die sich ayur-vedisch behandeln lassen, sind häufig überrascht: Je mehr sie den Ayur-Veda kennenlernen und im täglichen Leben anwenden, desto mehr spüren sie, daß er ihnen sehr vertraut ist. Es ist, als ob sie ihr Innerstes wiederentdecken, das, was eigentlich schon immer da war, nur noch nicht so klar, so bewußt.

1985 entstand das erste Maharishi Ayur-Veda-Gesundheitszentrum in Deutschland. Wenn ich mich zurückerinnere an die ersten Schritte mit diesem seit 5000 Jahren in Indien erprobten Wissen, weiß ich nicht, wer anfänglich über die erzielten Heilerfolge und Lebensverbesserungen erstaunter war, die Patienten selbst oder ihre Ärzte.

Ich kann mich noch sehr genau an meine Empfindungen

erinnern, als ich die ersten Monate mit Maharishi Ayur-Veda behandelte: Ich war immer wieder überrascht, wie schnell sich die Gesichter unserer Patienten veränderten, wie sie sich in wenigen Tagen entspannten und jünger wurden. Und wie oft Störungen, die sie schon lange mit sich herumtrugen, weniger wurden oder sogar verschwanden. Die Anweisungen und Ratschläge, die wir den Patienten gaben, waren (und sind) so einfach, leicht nachvollziehbar, und trotzdem tiefgreifend wirkungsvoll. Heute weiß ich: Der Maharishi Ayur-Veda ist so wirksam, weil er einfach und natürlich ist. Er enthält alle Naturgesetze, auf denen die ganze Schöpfung aufbaut, ebenso den Menschen, der ein Teil davon ist. Maharishi Ayur-Veda will nichts anderes, als daß wir wieder ein Teil der Natur werden. Leicht gesagt - aber auch getan? An dieser Stelle möchte ich all meinen Patienten der letzten Jahre danken, die durch ihre Fragen und ihre Erfahrungen zum praktischen Wissen dieses Buches beigetragen haben. Voller Neugierde und Faszination wollten sie nach den ersten Erfolgen mit dem Ayur-Veda immer mehr, vor allem Praktisches für das tägliche Leben, von uns wissen. Daraus entwickelte sich mit der Zeit ein Gesundheits-Bildungsprogramm für Gäste unserer Gesundheitszentren. Die Patienten lernen dabei sich, ihr Verhalten, ihren Körper und ihren Geist nach einer Ayur-Veda-Kur viel besser kennen und sind voll guter Vorsätze, die neugewonnenen Erkenntnisse in ihren Alltag zu übertragen. Es ging immer weiter. Fragen über Fragen. Und der Wunsch, dies Wissen Freunden zuhause vermitteln zu wollen, wurde an uns herangetragen. So wurde der Wunsch nach einem Buch über Maharishi Ayur-Veda in Deutschland geboren. Das Buch, das wir uns wünschten, sollte ein lebendiges Buch sein. Es sollte so lebendig und fröhlich sein, wie es unsere Gruppentreffen mit Patienten immer wieder sind, es sollte den Geist des Maharishi Ayur-Veda widerspiegeln:

" Die eigentliche Natur des Lebens ist Freude" und zeigen, daß es mit etwas Wissen in unserer schnellebigen und oft hektischen Zeit einfach sein kann, gesund und glücklich zu sein. Das Vertrauen, daß dies möglich ist, haben uns unsere Patienten in den letzten Jahren immer wieder gegeben. Das vorliegende Buch ist ein sehr persönliches Buch. Ellen Hosbach ist es gelungen, ihre eigenen Erfahrungen mit dem Maharishi Ayur-Veda so zu schildern, wie es viele unserer Patienten ähnlich empfunden haben mögen. Es ist sicher kein weiteres Lehrbuch über Ayur-Veda und soll es auch bewußt nicht sein.Der Maharishi Ayur-Veda enthält das Wissen aller Naturgesetze. Diese wirken überall, an jedem Ort der Erde gleich, ebenso, wie die Heilmaßnahmen des Ayur-Veda unabhängig von kulturellen Hintergründen bei jedem Menschen richtig und wirksam sind. Daher ist der Ayur-Veda etwas höchst Lebendiges für jeden. Er ist das gesammelte Wissen über das eben an sich. Und er beantwortet jede nur denkbare Frage, die das Leben aufwerfen kann. Er kann ein lebenslanger Erfahrungsprozeß werden, wobei der eigene Körper zum Freund wird und der eigene Geist zum inneren Heiler heranwächst.
Wenn es dem Buch gelingt, Sie als Leser neugierig zu machen, Ihnen einige Fragen zu beantworten und viele neue Fragen entstehen zu lassen, dann hat es seinen Zweck erfüllt.

Dr. Karin Pirc, Ärztin und Diplom-Psychologin
am Maharishi Ayur-Veda-Gesundheitszentrum
Schledehausen (Osnabrück)

Maharishi Ayur-Veda Wissen vom Leben

Ayur-Veda, so wie Maharishi Mahesh Yogi dieses Jahrtausende alte Wissen für uns wiederbelebt hat, wird in Deutschland seit Jahren von erfahrenen Ayur-Veda-Ärzten praktiziert. Tausende von Patienten, die diese ganzheitliche Heilkunst in den Ayur-Veda-Gesundheitszentren in Deutschland kennengelernt haben, sind glücklich, diesen natürlichen Weg zu Harmonie, Gesundheit und Verjüngung erfahren zu haben. Das "Wissen vom Leben" ist alt und modern zugleich, denn es verbindet die 5000 Jahre alte indische Heilkunst mit moderner westlicher Medizin. Die erstaunlichen Erfolge des Ayur-Veda bei der Vorbeugung und bei chronischen Krankheiten, wie z.B. Migräne, Asthma, Bronchitis etc., sind heute weitgehend durch die moderne Wissenschaft bestätigt worden. Der Ayur-Veda liegt im Trend zur Rückbesinnung des Menschen auf seinen Ursprung. Es ist Zeit, dieses faszinierende und für jeden Menschen erfahrbare Wissen einer breiten Öffentlichkeit auf leicht verständliche Weise nahezubringen. Dieses Buch soll das Grundwissen über Maharishi Ayur-Veda vermitteln und zeigen, daß dieses Wissen nicht indisch-mystisch, sondern geradezu modern, natürlich, und im Alltag für jeden Menschen leicht nachvollziehbar ist. Der Ayur-Veda ist mehr als eine Ganzheitsmedizin, denn er gibt u.a. auch Empfehlungen für die Ernährung und für die Verhaltensweisen des Menschen. So hat jeder Mensch die Chance, bereits vorbeugend etwas für seinen Körper und Geist tun zu können. Die Ernährung, der Stoffwechsel und die Verdauung spielen im Ayur-Veda eine wesentliche Rolle. Daher beschäftigt sich ein großer Teil dieses Buches mit diesen Themen. Die Regulationsprinzipien (Doshas), nach denen die Menschen typmäßig eingeteilt werden, sind leicht zu verstehen, weil sie aus der Natur, den Elementen Feuer, Wasser, Erde, Luft, Raum, abgeleitet sind. D.h. diese Elemente regulieren die gesamte Natur und natürlich auch den Menschen. Jeder, der sich bewußt mit seiner Gesundheit, Ernährung und Lebensführung beschäftigt, kann die einfachen Empfehlungen des Ayur-Veda im täglichen Leben für sich umsetzen. Er braucht deswegen nicht sein Leben umzukrempeln. Folgt er diesem natürlichen Weg, so wird er schon nach kurzer Zeit erleben, wie alte lästige Gewohnheiten nach und nach verschwinden und wie sehr ihn die Natur auf dem Weg zu Harmonie, Gesundheit und Verjüngung unterstützt. Das Wissen ist da, es ist in uns. Wir haben es nur vergessen und verlernt, auf unsere Körpersignale zu hören. Die im Buch zusammengefaßten praktischen Erfahrungen basieren auf der langjährigen engagierten Arbeit der Ayur-Veda-Ärzte vom Maharishi Ayur-Veda-Zentrum in Schledehausen bei Osnabrück. Dr. Karin Pirc und Dr. Hans Schäffler, die Pioniere des Maharishi Ayur-Veda in Deutschland, haben durch zahlreiche Patientengespräche und Vorträge die Entwicklung des Ayur-Veda in Deutschland ermöglicht. Ihr Wunsch war es, daß ihr Wissen und ihre Erfahrungen möglichst vielen Menschen nahegebracht werden. Ich bin glücklich darüber, diesen Weg zu mehr

Glück, Gesundheit und Harmonie für mich entdeckt zu haben und habe mit großer Freude und Faszination die Aufgabe, dieses Buch zu schreiben, übernommen. Mein besonderer Dank gilt allen, die durch ihr hohes Bewußtsein, Wissen und engagierten Einsatz die Grundlage für dieses Buch schufen:
- Maharishi Mahesh Yogi, der den Ayur-Veda zu dem machte, was er heute ist,
- Dr. Deepak Chopra, der durch zahlreiche Vorträge und Bücher vor allem die Verknüpfung des Ayur-Veda mit der westlichen Medizin begreifbar für uns machte, und ganz besonders
- Dr. Karin Pirc und Dr. Hans Schäffler, den leitenden Ärzten des ersten Maharishi Ayur-Veda-Zentrums in Deutschland in, Schledehausen (Osnabrück).
Sie haben ihr Wissen und ihre praktischen Erfahrungen für dieses Buch zur Verfügung gestellt. An dieser Stelle möchte ich auch allen danken, die durch ihre engagierte Arbeit in den Maharishi Ayur-Veda-Zentren es ermöglicht haben, daß möglichst viele Menschen die positiven Erfahrungen der Reinigungstherapie erfahren können:
- Gisela und Klaus Preuß, Leiter des Maharishi Ayur-Veda-Zentrums in Schledehausen und alle Mitarbeiter des Zentrums.
Ein ganz besonderer Dank an Christine Storbeck und Doris Schmitt-Maisch für ihre Unterstützung bei diesem Buch-Projekt.

Frankfurt, November 1990
Ellen Hosbach

Kapitel 1

Der Weg zu Gesundheit, Glück und Wohlbefinden

Das ganzheitliche Weltbild des Ayur-Veda

Gesundheit ist das höchste Gut. Die Natur beschenkt uns zwar immer wieder damit, aber wir müssen auch dazu beitragen, die Gesundheit zu erhalten.

Der Zusammenhang zwischen Gesundheit und Ernährung ist heute nur wenigen Menschen bewußt, obwohl die meisten Volkskrankheiten, wie Kreislauferkrankungen, Bluthochdruck u.a. auf falsche, zu reichliche Ernährung zurückzuführen sind. Zwischen dem Wunsch nach gesunder Ernährung und der Umsetzung in die Tat klafft eine große Lücke, denn jeder 2. Bundesbürger ist übergewichtig. Die Anforderungen für krankheitsbedingte Kosten, wie Medikamente, Kuren, Therapien, Arbeitsausfall steigen und steigen. Wenn das so weiter geht, ruinieren sich die reichen Industrienationen an diesen Kosten.

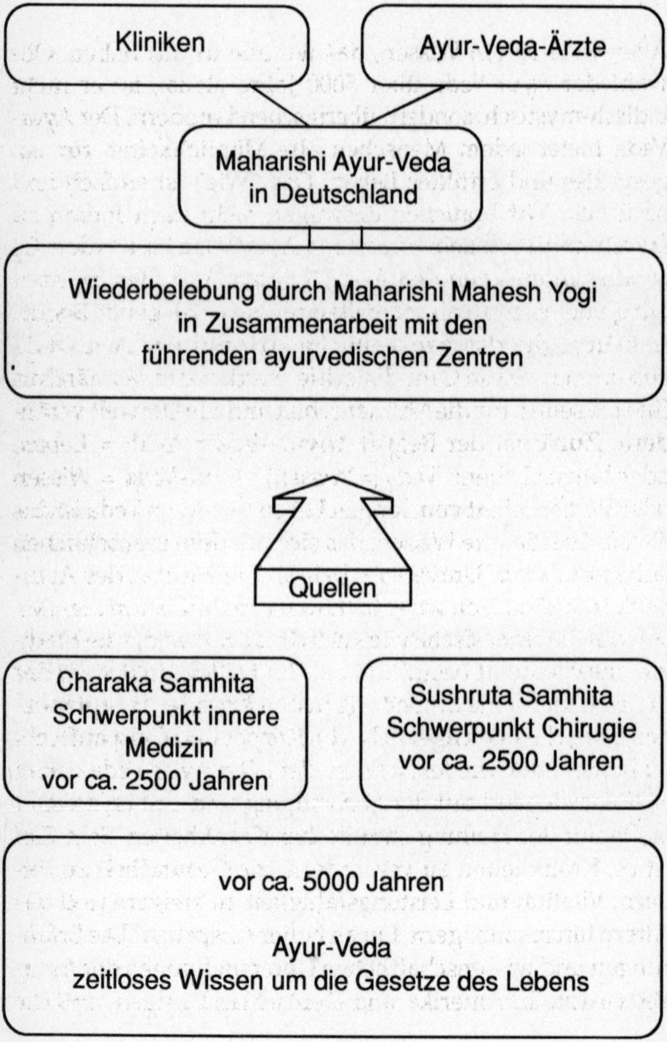
Kliniken
Ayur-Veda-Ärzte
Maharishi Ayur-Veda in Deutschland
Wiederbelebung durch Maharishi Mahesh Yogi in Zusammenarbeit mit den führenden ayurvedischen Zentren
Quellen
Charaka Samhita Schwerpunkt innere Medizin vor ca. 2500 Jahren
Sushruta Samhita Schwerpunkt Chirugie vor ca. 2500 Jahren
vor ca. 5000 Jahren
Ayur-Veda zeitloses Wissen um die Gesetze des Lebens

Ayur-Veda, das Wissen vom Leben, ist mehr als eine Ganzheits-Medizin

Ayur-Veda ist ein Wissen, das wir alle in uns haben. Obwohl der Ayur-Veda über 5000 Jahre alt ist, ist er nicht indisch-mystisch, sondern überraschend modern. Der Ayur-Veda bietet jedem Menschen alle Möglichkeiten für ein gesundes und erfülltes Leben. Das "Wie" ist einfach und natürlich. Wir brauchen deswegen nicht nach Indien zu fahren und auch kein Experte in Ayur-Veda zu werden. Es ist alles in uns. Um den Ayur-Veda zu verstehen, müssen wir gemeinsam an dieser Stelle einige grundlegende Begriffe klären, die das ganzheitliche Weltbild des Ayur-Veda bestimmen. Diese Grundbegriffe werden das Verständnis für sich selbst, für die Mitmenschen und die Umwelt verändern. Zunächst der Begriff "Ayur-Veda": Ayuh = Leben, oder langes Leben; Veda = Wissen; Ayur-Veda = Wissen oder Wissenschaft vom langen Leben Der Ayur-Veda ist das älteste überlieferte Wissen, das sich mit dem menschlichen Leben und dem Universum befaßt. Die Heimat des Ayur-Veda ist Indien, von wo er im Laufe von drei Jahrtausenden sowohl die chinesische wie auch die abendländische Medizin entscheidend beeinflußt hat. Im Mittelpunkt steht der Mensch und seine Einbettung in den Kosmos. Hauptanliegen ist es, das Gleichgewicht von Körper und Geist aufrecht zu halten oder wieder herzustellen. Der Ayur-Veda befaßt sich vorwiegend mit der Vorbeugung und erst an zweiter Stelle mit der Heilung chronischer Krankheiten. Sein Ziel ist es, Krankheiten zu verhindern, die Gesundheit zu fördern, Vitalität und Leistungsfähigkeit zu steigern und das Altern hinauszuzögern. Ein zu hoher Anspruch? Die Erfahrungen und wissenschaftlichen Untersuchungen der Ayur-Veda-Ärzte in Amerika und Deutschland zeigen, daß die verschiedenen ayur-vedischen Therapien die Alterungsprozesse deutlich verlangsamen. Wie aber erreicht der Ayur-Veda das Ziel der "vollkommenen" Gesundheit? Schauen wir in die Natur. Dort finden wir ein Höchstmaß an Ordnung. Erstaunlich ist, wie die Natur alles organisiert, wie sie es schafft, ihre Ökosysteme aufrechtzuerhalten, sofern der Mensch nicht zu drastisch eingreift. Wir sind Teil der Natur und funktionieren nach den gleichen Gesetzen. Das bedeutet, daß diese sich auf uns übertragen lassen.

Schauen wir uns an, welche Vorstellungen wir z.B. über das Altern haben. Wird jemand fünfzig Jahre alt, so glaubt er, nun alle möglichen Krankheiten haben bzw. bekommen zu müssen. Das gilt als normal. Eine Freundin von mir, die gerade fünfzig Jahre alt geworden ist, erzählte mir, daß sie sich jetzt um einen Platz in einem Altersheim bemühen müsse, denn später sei ja alles ausgebucht. Ich war ehrlich erschüttert. Angesichts unserer hohen Lebenserwartung und der Fortschritte der Medizin ist fünfzig heute kein Greisenalter. "Mit fünfzig fängt das Leben erst an." Wir haben noch soviel ungenutzte Fähigkeiten. Unsere Gesundheit hängt ganz wesentlich von unserer Lebenseinstellung ab. Nach dem Ayur-Veda ist der Mensch gesund: "Wenn er gut und tief schläft, morgens frisch aufwacht, am Tag freudig und leistungsfähig arbeitet, regelmäßig Hunger und Durst und einen guten Stuhlgang hat." Und vom geistigen Standpunkt aus betrachtet: "Ist ein Mensch gesund, dessen Sinne, Geist und Seele im Zustand inneren Glücks sind." Mit diesem Glückszustand ist ein Glücksgefühl gemeint, das von innen kommt und keine äußere Anregung braucht. Wann hatten Sie ein solches Gefühl zum letzten Mal? Erinnern Sie sich, wie es war? So spontan und unerklärlich. Es war einfach da. Für den Ayur-Veda sind Gesundheit, Glück und Wohlbefinden eine Einheit. Lange Zeit

hat man an eine Trennung von Körper und Geist geglaubt. Die moderne medizinische Forschung hat gezeigt, daß Körper und Geist eine untrennbare Einheit sind. Freut sich der Mensch, freut sich jede Körperzelle mit. Jeder Mensch erzeugt im Körper bestimmte Moleküle (Neuropeptide), kurz Neuropep's genannt. Das sind Eiweiße, die im Nervensystem entdeckt wurden. Jede Körperzelle kann jedes Neuropep selbst herstellen, entschlüsseln und weiterleiten. Das heißt, jedem Gefühl lassen sich bestimmte Neuropep's zuordnen. Dies macht erkennbar, wie negativ z.B. geistige und körperliche Überbelastung (Streß) auf den ganzen Körper - und damit auf das Immunsystem - wirken kann. Bei Freude allerdings, freut sich jede Zelle des Körpers mit. Erkennen Sie nun, warum es so wichtig ist, was wir denken und fühlen?
Auch unsere Organe tauschen sich über die erstaunlichen Neuropep's aus. D.h. bei jeder Stimmung, Emotion, bei jedem Gedanken ist unser ganzer Körper beteiligt. Die Neuropep's bestimmen, wie gesund Sie sind und wie schnell Sie altern. Sind Sie positiv, fröhlich, so haben Sie einen anderen Stoffwechsel, als wenn Sie traurig oder angespannt sind. Was hat das mit dem Ayur-Veda zu tun? Sehr viel, denn die faszinierenden Forschungsergebnisse über die Neuropep's bestätigen das fast fünftausend Jahre alte Wissen des Ayur-Veda, dessen Ausgang der Mensch ist, als Ganzheit aus Körper, Geist, Bewußtsein und Umwelt. Das Ziel des Ayur-Veda ist das Gleichgewicht. Körper und Geist. Bei jedem Menschen, der im Gleichgewicht ist, stellen sich Wohlbefinden und Glücksgefühl automatisch ein. Es gibt kein "Du mußt", "Du darfst nicht", sondern nur eine Empfehlung, die lautet: "Tu das, was leicht und natürlich ist."Jeder, der dieses Glücksgefühl für sich wiederentdeckt hat, für den ist es eine starke Motivation, auf dem Weg zu mehr Gesundheit und Wohlbefinden.

Alles ist im ständigen Wandel - auch wir

Unser Körper tauscht in einem Jahr 98% seiner Atome aus. D.h. unser Körper ist nicht stabil oder beständig. Dieser Aspekt gibt chronisch Kranken große Hoffnungen. Was können wir für unsere Gesundheit tun? Wie können wir z.B. Streß loswerden und neue Kräfte schöpfen? Die Ursache für Krankheit ist der Verlust des Gefühls der Ganzheit. Erinnern Sie sich noch, zu Anfang dieses Kapitels sagte ich, Gesundheit, Wohlbefinden und Glück gehören im Ayur-Veda zusammen. Ein Mensch, der das Gefühl der Ganzheit verloren hat, lebt zu sehr in der Außenwelt und hat sich zu sehr mit ihr identifiziert. Er hat wenig Kontakt zu seiner inneren Quelle, zu seinem Ursprung. Dieser Verlust wird als Ursache vieler Krankheiten angesehen. Ein großer Teil des ayur-vedischen Wissens hat das Ziel, den Menschen wieder zu sich selbst zu führen. Die bekanntesten Therapien sind in erster Linie Reinigungstherapien (Pancha-Karma), die den Körper entschlacken. Der Ayur-Veda kennt darüber hinaus pflanzliche und mineralische Stärkungs- und Aufbaumittel (Rasayanas), die das Gewebe optimal ernähren, so den Körper widerstandsfähiger machen und den Alterungsprozeß verlangsamen. Kennen Sie eine Therapie in der westlichen Medizin, die sich so sehr mit der Vorsorge und dem Altern beschäftigt? Ich nicht. Die ayur-vedischen Therapien werden seit Jahren mit großem Erfolg auch bei chronischen Krankheiten, z.B. Migräne, Asthma, eingesetzt. Die Ergebnisse waren so beeindruckend, daß eine große Privatkrankenkasse Hollands Maharishi Ayur-Veda in ihren Abrechnungskatalog aufgenommen hat. Auch in Deutschland laufen ähnliche Verhandlungen mit den Krankenkassen.

In dem 500 Jahre alten Wissen (Veda) ist das gesamte Wissen über den Ursprung der Schöpfung erhalten geblieben. Aus dem Ursprung entstanden zuerst die Klänge (Veden). Diese beschreiben, wie sich durch weitere Verfeinerung nach und nach daraus die gesamte Materie entwickelte, u.a. auch der menschliche Körper. Der Ayur-Veda ist der Teil der Veden, der sich mit der Aufrechterhaltung des Gleichgewichts im Körper beschäftigt.
Die gesamte Natur wird durch die fünf Elemente Raum, Luft, Feuer, Wasser, Erde bestimmt. Das Zusammenspiel der fünf Elemente erzeugt drei Grundkräfte (Doshas), denen Sie im Ayur-Veda immer wieder begegnen: Vata, Pitta und Kapha.

Raum, Luft > Vata - Gravitationsfelder Wind

Feuer, Wasser > Pitta - Energiefelder Sonne

Wasser, Erde > Kapha - Energiefelder Mond

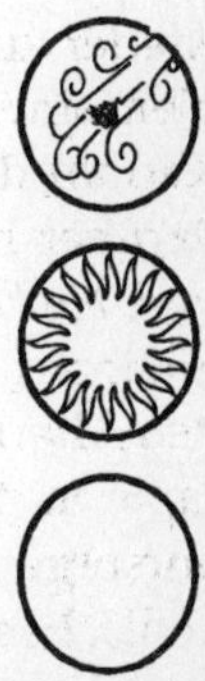

Vata ist das allgemeine Bewegungsprinzip überall im Körper
- Pitta das Verdauungsfeuer
- Kapha gibt dem Körper die Struktur und ist für den Flüssigkeitshaushalt zuständig

Die drei Grundkräfte (Doshas) setzen sich also aus diesen fünf Elementen zusammen und daher lassen sich auch ihre Eigenschaften daraus ableiten. Wenn wir uns später im Buch mit den Eigenschaften der Doshas beschäftigen, werden Sie sehen, daß das sehr verständlich ist und sich leicht auf Ihr Leben übertragen läßt. Fassen wir es noch einmal zusammen: In der Natur gibt es ein Kraft- oder Ursprungsfeld als Basis allen Seins. Daraus entspringen auch die fünf Elemente, aus denen sich die Doshas bilden. Diese steuern u.a. die Zusammensetzung der Atome, der Moleküle und unsere Organe. Ihr Zusammenspiel ist letztlich auch verantwortlich für die Individualität und Einmaligkeit eines jeden Menschen.

Kapitel 2

Ayur-Veda, Wissenschaft vom Leben

Die Hauptmerkmale des Maharishi Ayur-Veda

Noch heute werden in Indien, vor allem auf dem Lande, 80% der Bevölkerung ayur-vedisch behandelt. In den Städten dominiert aber seit Jahrzehnten die Schulmedizin. Einige Therapien werden nur noch von wenigen indischen Ärzten beherrscht, so daß sich der Ayur-Veda in Indien mehr und mehr auf eine reine Kräutermedizin reduzierte und das alte Wissen drohte verlorenzugehen. Maharishi Mahesh Yogi - ein großer indischer Seher - hatte diese Gefahr rechtzeitig erkannt und Ayur-Veda-Spezialisten aus ganz Indien um sich versammelt, um das 5000 Jahre alte Wissen anhand von alten vedischen Texten auf seine Ganzheit zu überprüfen und zu systematisieren. Im Mittelpunkt steht dabei immer der ganze Mensch, der Körper-Geist-Mensch vor dem Hintergrund des Kosmos. In der Schulmedizin wird auch heute noch häufig von einer Trennung von Körper und Geist gesprochen. Jeder Mensch kann aber an sich selbst erfahren, wie positiv sich ein seelisches Hoch, z.B. Verliebtsein, auf die körperliche Verfassung auswirkt.

Der Verliebte ist geradezu euphorisch und stärkt dadurch sein Immunsystem. Ebenso kann eine richtig durchgeführte Ölmassage harmonisierend auf den Körper, und auf den Geist wirken. Auch ohne die alten vedischen Texte zu lesen, kann jeder erfassen, wie sehr sich der Maharishi Ayur-Veda mit den Erkenntnissen der modernen Medizin deckt. Ein Beispiel hierfür ist die Chrono-Medizin (Chronos=Zeit), die seit neuestem im Gespräch ist. Diese Medizinrichtung hat erkannt, daß z.B. eine Schmerztablette, am Morgen eingenommen, anders wirkt, als am Mittag. Der Ayur-Veda hat bereits seit mehreren tausend Jahren die Einflüsse von Tages- und Jahreszeiten bei seinen Empfehlungen für die Gesundheit berücksichtigt. Eine weitere Besonderheit des Maharishi Ayur-Veda ist, daß das uralte Wissen systematisiert, daß es für uns heute leicht begreifbar und nachvollziehbar wurde. Ärzte können so in relativ kurzer Zeit die Ausbildung zum Ayur-Veda-Arzt machen. In Deutschland gibt es bereits sechzig Ayur-Veda-Ärzte.

Ayur-Veda - Vorsorge für alle

Im Mittelpunkt des Ayur-Veda steht die Vorbeugung. Gemeint sind die richtige Ernährung, Lebensweise und das Verhalten im Einklang mit der Natur. Ein zu hoher Anspruch? Der Ayur-Veda beschreibt seine Definition der Gesundheit: "Ein Mensch ist vollkommen gesund, dessen Doshas im Gleichgewicht sind, dessen Ausscheidungen normal, dessen Verdauungsfeuer gut geregelt ist, dessen Gewebe gut funktionieren und dessen Selbst, Sinne und Geist im Zustand vollständigen, dauerhaften Glücks sind."Ein unerreichbares Ziel? Nein. Schauen wir uns diese Aussage im Detail an. Den verschiedenen Doshas (Vata, Pitta, Kapha) können auch unterschiedliche Krankheiten zugeordnet werden. Nach dem Ayur-Veda sind Krankheiten Ungleichgewichte im Körper. Die Verdauung im Ayur-Veda ist sehr wichtig, denn wer gesund ist, hat Hunger und einen guten Stoffwechsel. Verdauung bedeutet aber auch, daß Gifte und Schlacken leicht wieder ausgeschieden werden können. Der Ayur-Veda ist ein sanftes Heilsystem, das dem Menschen hilft, ins Gleichgewicht zu kommen und körperliche und geistige Harmonie zu finden.

Meditation - Kraft aus der Stille

Tiefe Entspannung ist für uns alle lebenswichtig, um Streß abzubauen. Je tiefer diese Stille ist, um so besser erholen sich Körper und Geist. Unser Geist liebt diese Stille und sucht sie. Die Transzendentale Meditation (TM) nutzt diesen spontanen Wunsch. Die Stille ordnet den Körper so sehr, daß körperliche Funktionen ausgeglichen werden, z.B. Atmung, Herzschlag, Streßhormone, Abwehrlage, und fein abgestimmte Regelungen der Organtätigkeiten. All dies balanciert sich von selbst aus.

Heilung durch Urklänge

Alles im Kosmos ist Schwingung. Jeder Mensch hat seine individuelle Klangfarbe, die - je nach Verfassung - wechselt. Der Arzt kann z.B. spezielle Urklänge für seinen Patienten auswählen und Gesundheitsstörungen damit ausgleichen.

Du fühlst Dich so, wie Du denkst

Erinnern Sie sich noch an die Neuropep's? Jeder Gedanke beeinflußt unsere Körperchemie, ebenso wie die Nahrung. Je mehr wir in Harmonie mit uns sind, um so eher erkennen wir, daß es für alle Probleme Lösungen gibt. Menschen, die z.B. seit Jahren meditieren, bauen ganz von selbst mehr Selbstvertrauen, Zuversicht auf und erfahren, daß sie ihre Probleme mehr in den Griff bekommen.

Lerne Deine Gefühle verstehen

Die Empfehlungen des Ayur-Veda für den Alltag betreffen auch die Gefühle. Ein Bereich, der häufig verdrängt wird. Wir unterdrücken unsere Gefühle und wundern uns, wenn unser Körper z.B. mit Herzbeschwerden oder Magenstörungen reagiert. Oder aber wir zeigen keine Gefühle und verletzen unbewußt durch ungerechte Kritik die feine Gefühlsebene anderer Menschen. Aber gerade diese feine Gefühlsebene ist wichtig für unsere eigene seelische Entwicklung und für unsere körperliche Gesundheit. Alle in diesem Kapitel angesprochenen Ansätze des Maharishi Ayur-Veda machen den Menschen ausgeglichener und harmonischer.

Sage mir wie Du sprichst

Der Ayur-Veda legt viel Wert auf die Sprache des Menschen, weil sie Ausdruck seiner Gefühle ist. Die Sprache wirkt sich sowohl auf den Sprechenden als auch auf den Zuhörer aus. Dabei ist der Klang der Sprache ebenso wichtig wie ihr Inhalt. Die allgemeine Empfehlung lautet: Sprich sanft, sage die Wahrheit, verletze niemanden. Bei einem Streitgespräch entstehen im Körper Anstauungen, die er wieder ausgleichen muß. Sie kennen das Gefühl nach einem Streit "Wut im Bauch zu haben". Bei einem Gespräch beobachten Sie einfach, wie Sie sich fühlen. War das Gespräch gut, entspannt, fühlen Sie sich bereichert? Oder war das Gespräch mehr oberflächlicher Art? Versuchen Sie einmal einem negativen Gespräch eine positive Wende zu geben, und Sie werden staunen, wie Sie sich dabei fühlen.

"Bliss" - das Glück in jeder Körperzelle

"Ein gesunder Mensch ist glücklich - ein glücklicher Mensch ist gesund." Das Wort "Bliss" kommt aus dem Englischen und heißt soviel wie "innere Glückseligkeit". Der Ayur-Veda zeigt verschiedene natürliche Wege, die das Glückserlebnis jedes Menschen wecken. Gemeint ist damit ein tiefes Glücksgefühl, das plötzlich da ist, von innen kommt. Sie kennen es? Eigentlich weiß man gar nicht, woher es kommt. Es ist einfach da.

Klangtherapie zur Harmonisierung

Gandharva-Veda ist die Musiktherapie des Ayur-Veda. Die Gandharva-Veden sind spezielle Klangmuster, die sehr intensiv auf den Menschen wirken. Die Gandharva-Veden gibt es sowohl vokal als auch instrumental. Für ungewohnte Ohren empfiehlt sich erfahrungsgemäß die instrumentale Version, da sie uns vertrauter klingt. Die Klänge sind auf die Tagesrhythmen bzw. biologischen Rhythmen abgestimmt. Es gibt aber auch Klangfolgen, mit denen ganz bestimmte Krankheiten behandelt werden können. T.D. Deepak Chopra, der Vorsitzende der amerikanischen Vereinigung der Ayur-Veda-Ärzte, berichtet über seine eigenen Erfahrungen mit der Gandharva-Musik. Er beobachtete, wie sich bei dieser Musik sein Pulsschlag auf etwa die Hälfte der ursprünglichen Frequenz verlangsamte und sich nach dem Ende der Musik allmählich wieder normalisierte.

Heilung durch Berührung

Die Marma-Therapie des Maharishi Ayur-Veda ist eine spezielle Punkt-massage. Die Marmas sind die vitalen Punkte im Körper. Durch die Behandlung individuell ausgesuchter Marma-Punkte mit speziellen Ölen können die Heilkräfte des Menschen wieder mobilisiert werden. Dabei werden oft erstaunliche Erfolge erzielt. Bemerkenswert sind auch die subjektiv sanften Erfahrungen dieser Therapie, die in Stille erfolgt und tiefe Entspannung bringt. Die Marma-Therapie ist eine der beliebtesten Behandlungen in den deutschen Ayur-Veda-Zentren.

Yoga zum Streßabbau

Wir haben alle bereits etwas von Yoga gehört. Wenn an dieser Stelle von Yoga gesprochen wird, so sind bestimmte Körperübungen gemeint, durch die das Nervensystem über die Atmung und über bestimmte Körperhaltungen harmonisiert wird. Diese Übungen wirken ausgleichend auf den gesamten Körper. Sie sind ganz natürlich und leicht erlernbar.

Aromatherapie und die Sinne

Diese Aromatherapie wirkt über besondere Duftöle, die entsprechend der Doshas des Menschen ausgewählt werden, um Störungen auszugleichen.

Reinigung von innen

Der Ayur-Veda kennt sogenannte Reinigungs- und Verjüngungsverfahren, die Pancha-Karma-Behandlungen (Reinigungskur), die in den Ayur-Veda-Zentren in Deutschland durchgeführt werden. Sie wirken vorbeugend und haben das Ziel, die Schlacken aus dem Körper zu schleusen. Es handelt sich u.a. um Ölmassagen, Kräuterdampfbäder, Öl-Kopf-Behandlungen, Einläufe usw., die einen starken harmonisierenden Einfluß auf Körper und Geist haben. Patienten, die diese Reinigungskur erlebt haben, berichten, daß sie sich danach pudelwohl, wie aufgetankt, lebendig, geistig frischer fühlten. Die Reinigungstherapien wirken vorbeugend, erreichen aber auch gute Erfolge bei chronischen Krankheiten.

Ernährung als Vorbeugung

Im Ayur-Veda gibt es keine Medikamente im eigentlichen Sinne. Jedes Nahrungsmittel kann - richtig eingesetzt - gleichzeitig Medizin sein. Es kann den Körper nicht nur aufbauen und nähren, sondern auch heilen. Das heißt, die richtige Ernährung macht Medizin häufig überflüssig. Richtig ernähren heißt: "Zur richtigen Zeit, in der richtigen Zusammenstellung, spontan und mit Freude essen." So einfach ist das! Sagen Sie nicht, ich kann das nicht! Alles, was Sie dazu brauchen, ist, sich bewußt zu ernähren und das Gefühl für Ihren Körper wiederzuentdecken.

"Medizin" mit positiven Nebenwirkungen

Der Ayur-Veda-Arzt kennt sogenannte Rasayanas. Das sind Kräuter- und Mineralienpräparate, die die Doshas ausglei-

chen. Sie werden als Nahrungsergänzung zur Stärkung der Gesundheit empfohlen. Diese natürlichen Präparate haben einen verjüngenden Effekt. Sie vitalisieren, kräftigen, vertiefen den Schlaf, heben die Stimmung und verbessern die Aufmerksamkeit und das Gedächtnis. Die Haut wird schöner, die Ausstrahlung und die körpereigene Immunität verbessert. Die Rezepturen der Rasayanas bestehen aus besonders seltenen Pflanzen, die teilweise aus abgelegenen Teilen des Himalaya kommen. Die Herstellung geschieht durch verschiedene verfeinerte Verfahren, die größtenteils sehr zeitaufwendig sind. Die sehr phantasievollen Namen lassen die hohe Kunst der Herstellung ahnen. So heißt z.B. das in Deutschland meistempfohlene Rasayana "Amrit Kalash", d.h. "Nektar der Unsterblichkeit".
Ist das Gleichgewicht des Menschen gestört, und er ist krank, kennt der Ayur-Veda natürlich auch "Medikamente". Dies sind traditionelle Heilkräuterpräparate, die frei von schädlichen Nebenwirkungen sind und als Nahrungsmittelergänzung angesehen werden. Diese Kräuterpräparate werden im Ayur-Veda nicht nur bei speziellen Symptomen verordnet, sondern auch bei leichten Störungen des Patienten, wie z.B. Müdigkeit, Schweregefühl, allgemeines Unwohlsein.

Leben im Rhythmus mit der Zeit

Wie hochaktuell der Maharishi Ayur-Veda heute ist, zeigt die Chrono-Medizin. Sie sagt, daß der Körper in bestimmten Zyklen arbeitet und z.B. unterschiedlich belastbar ist. Der Ayur-Veda kennt viele solcher Zyklen und erklärt im Zusammenhang mit den Doshas, welche Bedeutung u.a. die Tages- und Jahreszeiten haben. So begreift man z.B., warum der Schlaf vor Mitternacht so wertvoll ist. Der Schlaf vor 24 Uhr ist tiefer und erholsamer. Wer früh zu Bett geht, steht am nächsten Morgen ausgeruhter auf und verbessert dadurch sogar sein Immunsystem.

Pulsdiagnose

Bei der ayur-vedischen Pulsdiagnose durch einen erfahrenen Ayur-Veda-Arzt können Störungen frühzeitig erkannt werden, bevor sie sich zu einer ernsthaften Krankheit entwickelt haben. Die Pulsdiagnose, ein wesentlicher Teil jeder ayur-vedischen Untersuchung, wird eingesetzt, um den Konstitutionstyp (Zusammensetzung der Doshas) zu bestimmen und evtl. Störungen ausgleichen zu können.

Der Mensch und seine Umgebung

Die Umgebung, in der ein Mensch lebt, beeinflußt u.a. seine Gesundheit. In der Zeit des zunehmenden Umweltbewußtseins ist dies bei uns ein immer aktuelleres Thema. Der Ayur-Veda hat sich schon vor Jahrtausenden mit diesen Themen beschäftigt. Die alte vedische Architektur beschreibt z.B. Bau und Struktur von Wohnungen und Siedlungen, die die menschliche Gesundheit fördern. Heute wissen wir, daß gesundheitliche Störungen häufig mit der Umgebung zusammenhängen, wobei hierzu auch die Beziehungen zu anderen Menschen gehören.

Die geistige und körperliche Gesundheit eines jeden Menschen auf unserem Planeten beeinflußt die Gesundheit aller Menschen, denn wir sind zwar alle Einzelwesen, haben aber einen gemeinsamen Ursprung.

Kapitel 3

Der Mensch und die fünf Elemente

Als ich mich zum ersten Mal mit Ayur-Veda beschäftigte, war ich erstaunt über die Klarheit dieses uralten Wissens. Was ich erwartet hatte, war etwas Mystisches, Indisches. Was ich entdeckte, waren einfache, überraschend moderne Prinzipien, aus der Natur abgeleitet und von jedem nachvollziehbar. Ayur-Veda - das Wissen vom Leben - ist nicht für einen elitären Kreis, sondern für jeden von uns. Wer sich einmal mit diesem Wissen beschäftigt hat, der ist gefesselt. Wer Ayur-Veda erlebt und das Glücksgefühl erfahren hat, das ihn erfüllt, wenn er körperlich und geistig im Gleichgewicht ist, der wird weitergehen auf diesem Weg zu Gesundheit und Wohlbefinden. Alle Materie des Universums wird von den uns bekannten fünf Elementen - Raum, Luft, Feuer, Wasser, Erde - gesteuert. Natürlich auch der Mensch, und dennoch ist jeder von uns physisch und psychisch einzigartig. Es gibt aber Gruppen, die Gemeinsamkeiten, ähnliche Vorlieben, Reaktionen, Verhaltensweisen haben. Die westliche Medizin hat diese nach Kretzschmer in bestimmte Körpertypen (leptosom, athletisch, pyknisch) eingeteilt, eine recht grobe Unterscheidung. Die Unterscheidung des Ayur-Veda ist wesentlich feiner. Die Typisierung der Men-

schen in Anlehnung an die Elemente wird Dosha genannt. Ein Begriff, der immer wieder im Ayur-Veda auftaucht, und mit dem wir uns zum weiteren Verständnis jetzt genauer beschäftigen wollen. Der Ayur-Veda kennt drei Hauptdoshas (reine Typen): Vata, abgeleitet aus Raum und Luft; Pitta, abgeleitet aus Feuer und Wasser; Kapha, abgeleitet aus Wasser und Erde. D.h. jedes Dosha wird durch zwei Elemente geregelt. Vata z.B. aus Raum und Luft. In jedem von uns wirken immer alle drei Doshas, aber in unterschiedlich starker Ausprägung, so daß sich daraus drei Rein- und sieben Mischtypen ergeben. Wenn Sie das Grundprinzip kennen - mehr brauchen Sie nicht zu wissen - können Sie alles in der Natur ganz leicht zuordnen. Vata ist das allgemeine Bewegungsprinzip. Wenn wir überlegen, welche Eigenschaften Luft und Raum haben, so kommen wir auf herb, leicht, kühl, rauh, trocken - die Eigenschaften von Vata. Vata beeinflußt im Körper den Dick- und Enddarm. Es ist entscheidend für unsere Wachheit und Beweglichkeit. Pitta bestimmt den Stoffwechsel, die Umwandlung der Nahrung in unserem Körper und die Emotionen, denn es wird vom Feuerelement abgeleitet. Kapha steuert den Flüssigkeitshaushalt und die Struktur im Körper. Sehr wichtig, da wir ja fast zu 80% aus Wasser bestehen.
Wenn wir diese Doshas mit einem Auto vergleichen, so ist Vata der Motor, Pitta das Verbrennungssystem, Kapha das Schmiersystem und die Form.

Eigenschaften und Aufgaben der Doshas

Dosha	Eigenschaften	Aufgaben
Vata 	beweglich, schnell leicht, kalt, rauh trocken, führt die anderen Doshas an	reguliert die Körperfunktionen, die die Bewegung im Körper betreffen, kontrolliert die Aktivitäten des zentralen Nervensystems und der Ausscheidungsorgane
Pitta 	heiß, scharf, leicht, sauer, leicht ölig	reguliert den Stoffwechsel und steuert die gesamte Verdauung
Kapha 	schwer, ölig, langsam, kalt, beständig, süß, klebrig, sanft	reguliert die Körperfunktionen, ist für die biologische Stärke und Abwehrkraft des Körpers verantwortlich

Vata

geringes Gewicht, leichter Körperbau, führt Aktivitäten leicht aus, neigt zu trokkener Haut, Abneigung gegen kaltes Wetter, hat unregelmäßig Hunger und unregelmäßige Verdauung, schnell im Auffassen von Informationen, aber auch schnell im Vergessen, Tendenz zu Verstopfung neigt zu Sorgen und Kummer, Tendenz zu leichtem Schlaf;

Pitta

mittelschwerer Körperbau, hat die Tendenz zu rötlichem Aussehen und Haar, Sommersprossen, führt Aktivitäten schnell aus, ist mittelschnell im Erfassen von Informationen, das Gedächtnis ist recht gut, guter Redner, hat die Tendenz zu Erregbarkeit, Ungeduld und Wut, ist sehr unterhaltsam, hat einen starken Hunger und eine gute Verdauung, kann keine Mahlzeit überspringen, liebt kalte Nahrung und Getränke, mag keine Hitze;

Kapha

schwerer Körperbau, kräftiges etwas dunkleres Haar, große Stärke und Ausdauer, führt Aktivitäten langsam und methodisch aus, hat eine ölige, glatte Haut, langsame Verdauung, ist eine ruhige, beständige Persönlichkeit, langsam im Erfassen von Informationen, hat ein gutes Gedächtnis, ist nur schwer aus der Ruhe zu bringen, Schlaf ist schwer und lang.

Die Doshas und ihre Eigenschaften

Die Eigenschaften der Doshas lassen sich leicht ableiten, wenn wir uns fragen, wie Raum und Luft (Vata) beschaffen sind: leicht, subtil, trocken, schnell. Für Pitta (Feuer und Wasser) ergeben sich die Eigenschaften heiß, scharf, flüssig, leicht, durchdringend, schnell. Die Eigenschaften von Kapha (Erde und Wasser) sind: schwer, stabil, glatt, ölig, kalt, langsam, träge. Warum ich dies ausführlich beschreibe? Weil das Gleichgewicht der Doshas wichtig für die Gesundheit ist. Die Doshas, auch Regulationsprinzipien genannt, sind bei allen Menschen unterschiedlich ausgeprägt. Von Geburt aus liegt eine bestimmte Dosha-Zusammensetzung vor, die sich im Laufe des Lebens durch Einflüsse von außen, wie z.B. die Jahreszeiten, die Ernährung und auch ungesunde Verhaltensweisen ändern kann. Ich denke, Sie möchten nun wissen, welcher Typ Sie sind? Hier eine Aufstellung der Doshas nach ihrem Aussehen und Verhalten. Sie werden sich in einigen Punkten wiedererkennen, wenn Sie aber sicher sein wollen, lassen Sie von einem Ayur-Veda-Arzt eine Pulsdiagnose machen.

Der Vata-Typ:

Er ist im allgemeinen schlank, hochgewachsen, hat tiefliegende Augen, seine Haut ist rauh und trocken. Diese Eigenschaft gilt auch für die Schleimhäute, so daß dieser Typ häufig unter Verstopfung (trockenem Dickdarm) leidet. Sein Stoffwechsel ist unregelmäßig. Friert leicht und liebt Urlaub im Süden. Dies ist die extreme Form des Vata-Typs. Geistig ist er schnell, beweglich im Denken und hat ein gutes Kurzzeitgedächtnis. Er ist zwar sehr leistungsfähig, neigt aber dazu, nicht lange durchzuhalten und fängt häufig viele Dinge neu an. Bei starker Belastung besteht die Gefahr der Instabilität und der Schlaflosigkeit.

Der Kapha-Typ:

Kapha ist gekennzeichnet durch körperliche Stabilität und eine kompakte Muskulatur. Dieser Dosha-Typ neigt dazu, dick zu werden. Der Stoffwechsel ist langsam, er hat wenig Hunger, ißt aber gern und hat daher Gewichtsprobleme. Seine Körperfunktionen sind regelmäßig, seine Haut ölig, ebenso die Haare. Er hat große körperliche und geistige Energie und ein gutes Langzeitgedächtnis.Haben Sie sich schon entdeckt? Wenn nicht, kommt jetzt der dritte Dosha-Typ.

Der Pitta-Typ:

Dieser Typ ist nicht dünn, aber auch nicht dick. Sie erkennen ihn an dem rötlichen Teint, eventuell hat er Sommersprossen oder rötliches Haar. Sein Stoffwechsel arbeitet stark, er kann alles essen, ohne dick zu werden. Er bevorzugt eine kühlere Umgebung. Der Pitta-Typ ist geistig klar und präzise und kann gut organisieren. Er neigt zu Ungeduld und Reizbarkeit. Dieser Menschentyp hat immer recht. Es ist nicht ratsam, sich mit ihm anzulegen. Sicher kennen Sie jemanden, der so ist? Grundsätzlich gibt es keinen schlechten Dosha-Typ. Jeder hat von Natur aus die Doshas, die er für seine Aufgaben im Leben braucht. Die Doshas eines Menschen schwanken und kommen dadurch immer wieder ins Ungleichgewicht. Das Ziel im Ayur-Veda ist es, diese Schwankungen auszugleichen und auf diese Weise Störungen vorzubeugen.

Die Doshas im Alltag

Das Wunderbare beim Ayur-Veda ist, die Dosha-Einteilung der Menschen und der Natur gilt genauso für die Ernährung, mit der wir die Doshas ausgleichen können. Wie wird ausgeglichen? Mit sehr einfachen Mitteln. Was wir dazu wissen müssen: Wie wirken Nahrungsmittel, auf die Doshas? Gleichgewicht wird u.a. durch die Ernährung geschaffen.

"Gleich und gleich gesellt sich gern."

Gleiche Eigenschaften vermehren sich. Beispiel: Wenn ein Vata-Typ viel reist, Sport treibt, geistig arbeitet, vermehrt sich Vata, denn Vata ist Raum und Luft, also beweglich und trocken. Zuviel Vata kann zu Verstopfung führen, weil u.a. die Schleimhäute im Darm austrocknen. Welche Nahrung verstärkt Vata? Kaltes, leichtes Essen (z.B. Rohkost), aber auch rauhe, trockene Speisen (z.B. Knäckebrot), ebenso scharfes, bitteres, herbes Essen. Und da Vata, als Bewegungsprinzip, unsere anderen Doshas reguliert, sollte ein Zuviel an Vata immer ernstgenommen werden. Das Zuviel erreichen Sie leicht, wenn Sie z.B. unregelmäßig essen, spät schlafengehen oder die Nacht durchmachen. Am Morgen sind Sie durstig, haben einen grauen Teint, die Haut ist rauh und trocken, ein typisches Zeichen für einen Vata-Überschuß.Ein Blick auf das Klima, die Jahreszeiten. Auch diese haben Einfluß auf unsere Doshas, z.B. kaltes, rauhes Klima und Wind vermehren Vata. Herbst vermehrt Pitta. Der frühe Winter vermehrt Vata. Vom Tagesablauf her sind der späte Nachmittag und der frühe Morgen Vata-Zeit. Wer also als Vata-Typ früh aufstehen muß und am späten Nachmittag sich körperlich anstrengt, sollte sich Ruhe gönnen als Ausgleich. Wie fühlt man sich mit einem Zuviel an Vata? Das Vata-Dosha ist immer am schnellsten aus dem Gleichgewicht zu bringen. Die alten vedischen Schriften sagen: 60% aller Störungen sind Vata-, 20-30% Pitta- und 10%-15% Kapha-Störungen. Wer also zuviel Vata hat, friert leicht, wird schnell hektisch, unruhig, nervös und unkonzentriert. Das kann bis zum Nervenzusammenbruch führen. Wenn Sie das Gefühl haben, daß Sie überdreht oder schnell erschöpft sind, dann liegt häufig eine Vata-Störung vor. Was können Sie tun? Oberste Empfehlung ist, Streß abbauen und ausgleichen. Da wir fast alle überbelastet sind, gelten die folgenden Empfehlungen für viele von uns.

1. Sorgen Sie für Ruhe, indem Sie früh schlafengehen und ausschlafen. Auch die tiefe Ruhe der T.M. (Transzendentale Meditation) bringt den Vata-Typen sehr gut ins Gleichgewicht.

2. Tagsüber kleine Ruhepausen einbauen, wenn es zuviel wird. Lernen Sie, auf Ihre Körpersignale zu achten. Ihr Körper sagt Ihnen, was er braucht. Ein gutes Mittel ist, einfach mitten in einer Aktivität zu stoppen und zu fühlen, was will ich in diesem Moment. Instinktiv fällt Ihnen das Richtige ein, z.B. die Lust auf einen kleinen Mittagsschlaf.

3. Wärme in jeder Form, ob als Bad, warme Getränke (z.B. heiße Milch) oder aber richtig einkuscheln. Die Eigenschaften des Pitta-Typs kennen wir bereits.

Was passiert bei zuviel Pitta?

Es ist zuviel Hitze im Körper, so daß es zu Augen-, Sodbrennen oder Entzündungen der Haut kommen kann. Pitta wird noch angeheizt durch geistige Hitze, durch kritische Diskussionen, durch feuchtwarmes Wetter oder Sauna. Bei zuviel Feuer hilft Kühlung von außen und innen, also eine erfrischende Dusche und kühle Getränke, aber bitte nicht zu kalt. Ein gutes Mittel zum Ausgleichen ist Milch mit Ghee (gereinigte Butter). Bei Pitta-Überschuß alles Saure, z.B. Wein oder Essig, meiden. Auch dieser Typ braucht dann Ruhe, aber weniger als der Vata-Typ.

Was macht der Kapha-Typ bei zuviel Kapha?

Der Kapha-Typ ist unkompliziert und ein Kapha-Überschuß ist leicht auszugleichen. Viel Schlaf, spätes Aufstehen, schweres, süßes Essen verstärken Kapha. Das Gegenteil aber vermindert es. Also: weniger essen, nicht zu lange schlafen und Sport treiben. Zu den drei Doshas gibt es eine sehr schöne Geschichte von Dr. Schäffler aus Schledehausen: "Den Vata-Typen sollte man wie einen Schwiegersohn behandeln (in Indien ist dies das Wertvollste, was eine Familie hat). Mit dem Pitta-Typen sollte vorsichtig umgegangen werden. Man sollte ihn wie einen guten Freund behandeln, ihn aber nicht reizen, weil er immer recht hat. Den Kapha-Typen sollte man wie einen Feind behandeln. Ihn ordentlich anspornen und anschieben, damit er in Schwung kommt, dann fühlt er sich richtig wohl und ist dankbar." Eine treffende Charakterisierung, die aber nicht ganz ernst zu nehmen ist!

Das Gleichgewicht der Doshas

Gemeint ist damit immer ein stabiles Gleichgewicht. Gerät ein Dosha aus den Fugen - im Ayur-Veda würde man sagen "es vermehrt sich" -, sollte es wieder verringert werden, damit der ursprüngliche Zustand wieder hergestellt wird. Was wir im Alltag im allgemeinen tun, ist, einen Fehler mit dem anderen auszugleichen. Jemand, der zwei Steaks mit

Bratkartoffeln ißt, tut zuviel für sein Kapha. Der Schnaps danach zur Verdauung regt zwar sein Pitta an und der Kaffee danach vermehrt Vata. Auch das ist eine Form von Gleichgewicht, aber keine stabile. Das natürliche Gleichgewicht pendelt sich nach und nach ein, wenn Sie gelernt haben, Ihrem Körper zu folgen , so daß Sie auch weniger Anregungsmittel wie Kaffee, Nikotin, Alkohol brauchen. Der Ayur-Veda verbietet diese Genußmittel nicht. Sie werden selber merken, daß Sie nach und nach darauf verzichten können. Medizinisch ist das erklärbar: Der Körper produziert, wenn er im Gleichgewicht ist, Moleküle, die glücklich machen. Ein Zustand, den Sie gern anstreben, wenn Sie ihn einige Male erfahren haben. Also machen Sie den Versuch mit Ayur-Veda.

Ursachen für Ungleichgewicht der Doshas

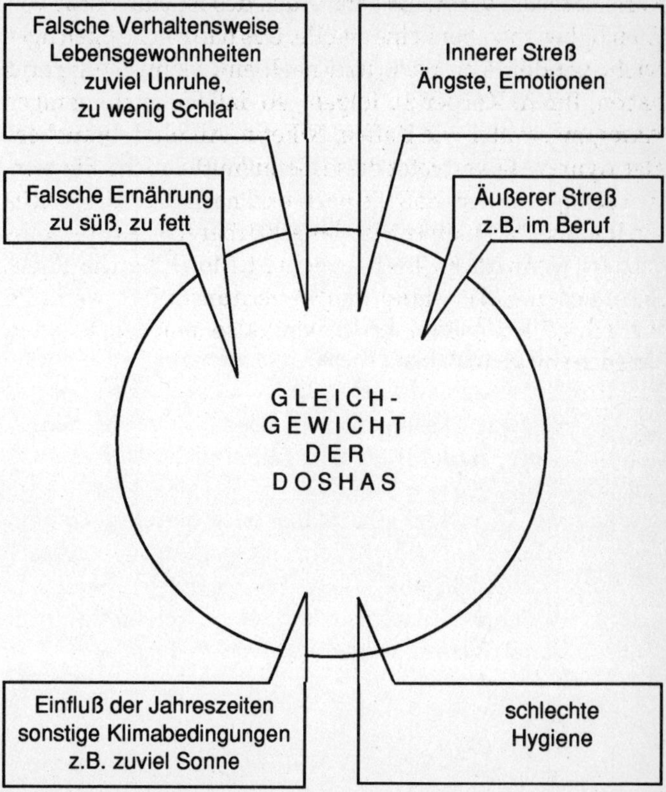

Einflüsse, die die Doshas vermehren und zu gesundheitlichen Störungen führen können

Vata:	zu wenig Ruhe, Furcht, Kummer, Ärger, Erschöpfung, Erregung, Müdigkeit, nachts aufbleiben, ausgiebiges Reden, Unterdrückung von natürlichen Bedürfnissen, Reisen, Fasten, trockene kalte Nahrung, bittere und zusammenziehende Speisen, Herbst, November, Februar, Kälte, früher Morgen, Nachmittag.
Pitta:	Hitze, Sonne, Feuer, brennende Empfindungen, Eifersucht, Leidenschaft, Anstrengung, Fasten, heiße, saure und salzige Speisen, Leinsamen, Sesam, Yoghurt, Essig, Alkohol, Fisch, Rauchen, Ärger, Zorn, Haß, Mittag und Mitternacht, Herbst.
Kapha:	am Tag schlafen, Schlafen nach den Mahlzeiten, Mangel an körperlicher Bewegung, Überessen, Frühstück, süße, saure und salzige Speisen, Milchprodukte, schwere, ölige, schleimige und kalte Speisen, Frühstück, Fleisch, Frühling.

Wie Sie feststellen können, ob Ihre Doshas ausgeglichen oder gestört sind:

Doshas	Störungen	Ausgeglichenheit
Vata	Rauhe und trockene Haut, Gewichtsverslust, dunklere Hautfärbung, Ruhelosigkeit, Sorge und Kummer, Verstopfung, Gelenkbeschwerden, Bluthochdruck	gehobene Stimmung, klarer, wacher Geist, gutes Funktionieren von Ausscheidungen und Blasenentleerung, harmonisches Verhältnis aller Körperbestandteile, gesunder Schlaf, hervorragende Vitalität
Pitta	gelbliches Aussehen, starke Körperhitze, ungenügender Schlaf, schlechte Verdauung, Entzündungen, Krankheiten, Magen- und Darmgeschwüre, Wut und Erregbarkeit, Lockerheit der Gelenke	gute Ausstrahlung, Zufriedenheit, perfekte Verdauung, ausgewogener Flüssigkeitshaushalt, ausgewogener Intellekt
Kapha	blasse Hautfarbe, Kälte, Faulheit, übermäßiger Schlaf, Dumpfheit, übermäßiges Gewicht, Depressionen und Asthma	Stärke, Kraft, normale Gelenke, Beständigkeit des Geistes, mitfühlendes Wesen, starker Körper, gute Proportionen, Mut, Vitalität

Doshas und Tageszeiten

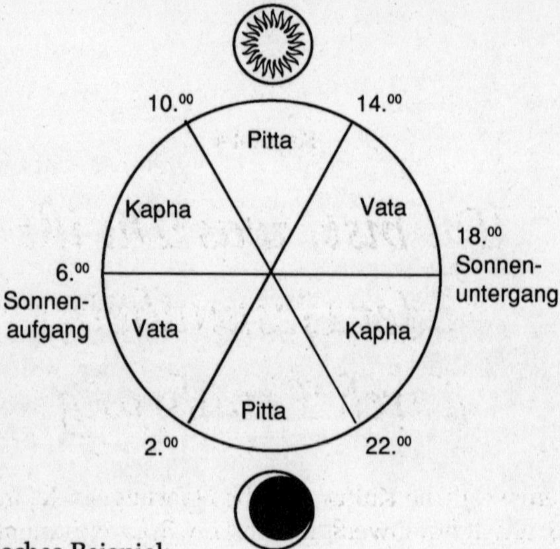

Praktisches Beispiel:
Kapha-Typ, der um 6.00 Uhr aufstehen muß, ist leicht ein Morgenmuffel, braucht seine Anlaufzeit. Er sollte nicht in der Zeit 6.00 - 10.00 Uhr frühstücken, denn das vermehrt Kapha. Ebenso nicht zu spät essen. Am besten bis 18.00 Uhr.

Jahreszyklus und Lebensalter

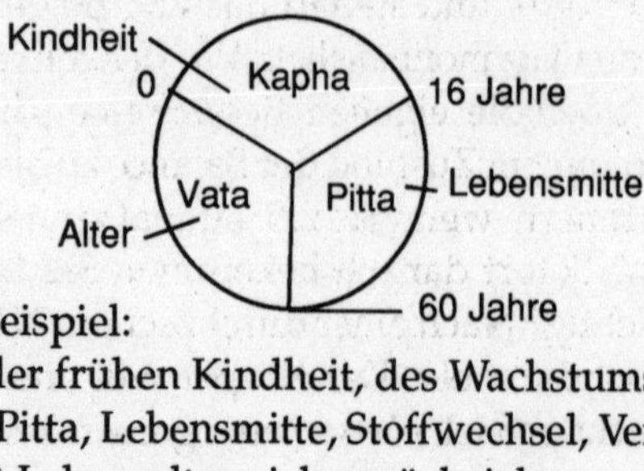

Praktisches Beispiel:
Kapha, Zeit der frühen Kindheit, des Wachstums, Aufbau der Gewebe. Pitta, Lebensmitte, Stoffwechsel, Verarbeiten. Vata bedeutet Lebensalter, sich zurückziehen.

Kapitel 4

Du bist, was Du ißt oder Gesundheit durch Ernährung

Unsere westliche Kultur teilt die Nahrungsmittel in Fette, Kohlenhydrate, Eiweiß, Mineralien, Spurenelemente und Vitamine ein. Der Ayur-Veda kennt eine einfachere und jedem Menschen viel vertrautere Einteilung nach dem rein subjektiven Geschmack. Wir können uns auf unseren Geschmack verlassen, denn unser Körper ist von Natur aus intelligent und weiß genau, was für ihn gut ist. Denken wir z.B. daran, was er alles vollbringt ohne unser Zutun. Völlig autonom regelt er die Körpertemperatur, den Blutdruck, die Blutfettwerte und steuert das komplizierte Nervensystem und den Hormonhaushalt. Wie das funktioniert? Ganz einfach : Über die eigenen Bedürfnisse, die der Körper produziert, um im Zustand der Balance zu bleiben. Können Sie sich erinnern, wenn Sie z.B. einmal zuviel Süßes gegessen haben? Sofort danach bekommen Sie Lust auf etwas Saures. Richtig? Nach einer durchzechten Nacht stellt sich großer Nachdurst ein. Der Körper will entschlacken und dazu braucht er viel Wasser, eine ganz normale Reaktion.

Unser Körper benutzt Hunger, Appetit und Durst, um anzuzeigen, wann er neue Nährstoffe braucht. Wenn z.B. das Blut zu dick ist, wird er nach mehr Flüssigkeit verlangen. Jeder kennt das wohlige Gefühl nach einer guten Mahlzeit, aber auch das unbefriedigte Gefühl nach einem Fast-Food-Essen im Stehen. Die Qualität der Nahrung hat einen großen Einfluß auf unsere Gesundheit und unser seelisches Wohlbefinden. Die Natur schenkt uns diese Nahrungsmittel, und wir nehmen bei jedem Essen mit ihr Kontakt auf. Wenn wir uns dieses bewußt machen, bekommt das Essen d i e Beachtung, die es verdient. Wir haben die natürlichen Signale des Körpers vergessen oder verlernt, auf sie zu hören. Die Ursachen dafür sind u.a. Streß und falsche Ernährung. Statt uns mit Kalorienzählen und Übergewicht zu plagen, sollten wir wieder lernen, die Bedürfnisse unseres Körpers zu verstehen. Die Sprache des Körpers ist nicht schwer, denn er sagt uns genau, was er braucht. Wie? Über unseren Geschmack.
Der Ayur-Veda kennt sechs Geschmacksrichtungen: süß, salzig, sauer, scharf, bitter, herb.

Die Geschmacksrichtung "süß"
assoziieren wir spontan mit Zucker. Das ist eine sehr konzentrierte Süße. Aber auch andere Lebensmittel sind süß, z.B. Getreide. Wenn Sie Brot lange kauen, schmeckt es süß. Auch Eiweiß, Butter, Fett, Öle, Nüsse, Milch und manche Obstsorten schmecken süß.

Die Geschmacksrichtung "salzig":
verschiedene Salzsorten

Die Geschmacksrichtung "sauer":
Hierzu gehören Essig, Wein, Sauermilch- oder Milchprodukte wie Quark, Yoghurt, saures Obst.

Die Geschmacksrichtung "scharf":
In diese Gruppe gehören vor allem Gewürze, wie z.B. Pfeffer, Ingwer, dann Gemüse, wie Rettich, Paprika, Radieschen.

Die Geschmacksrichtung "bitter" :
Bitter schmecken Gewürze, aber auch manche Gemüse, wie z.B. Blattgemüse, Spinat, Chicorée, Rosenkohl.

Die Geschmacksrichtung "herb":
Dieser Geschmack ist wenig bekannt, aber wir kennen ihn alle. Denken Sie an Rhabarber, unreife Bananen oder Hülsenfrüchte.
Es ist wichtig, sich diese verschiedenen Gechmacksrichtungen bewußt zu machen, weil sie die Doshas ausgleichen. Dazu eine Tabelle zur Übersicht:

Geschmacksrichtungen mit Beispielen

süß:	Zucker, Milch, Butter, Reis, Brot, Nudeln
salzig:	Salz
sauer:	Yoghurt, Käse, Zitrone, Essig
scharf:	scharfe Speisen, Pfeffer, Ingwer, Kumin
bitter:	Spinat, anderes grünes Blattgemüse
zusammenziehend oder herb:	Bohnen, Linsen

Wir haben bereits gehört, daß das Universum und auch der Mensch aus den fünf Elementen (Raum, Luft, Feuer, Wasser, Erde) entstanden ist und ständig entsteht. Diese Elemente sind zugleich auch Bausteine der Nahrungsmittel.

Süß baut Körpergewebe auf, zuviel Süßes führt zu Wohlstandsspeck. Salzig reinigt zwar die Körperkanäle, zuviel Salz aber verunreinigt das Blut und führt zu Entzündungen. Für Pitta-Typen wird empfohlen, Salz sparsam zu verwenden. Scharf regt Pitta an, also den Appetit und verbessert die Verdauung. Herb trocknet aus und reduziert Pitta. Bitter wirkt reinigend auf das Blut und fiebersenkend.

Die Wirkung der Geschmacksrichtung auf die Doshas

Keine Angst, Sie brauchen jetzt nicht in die Ernährungswissenschaft einzusteigen, noch Ihr Leben umzukrempeln." Die vielen guten Vorsätze, die man hatte und doch nicht halten konnte..." Das einzige, was Sie tun sollen, ist, spontan richtig essen. Der Wegweiser dazu sind die eben beschriebenen Geschmacksrichtungen. Wenn Sie überlegen, welche Nahrungsmittel Sie gern essen, welche Ihnen besonders gut schmecken und nach deren Genuß Sie sich richtig wohlfühlen, so sind diese meistens die Nahrungsmittel, die ihr Körper braucht. Beobachten Sie sich einfach eine Zeitlang. Wenn Ihnen das zu kompliziert ist, kennt der Ayur-Veda wertvolle Nahrungsergänzungen (die Churnas). Das sind Gewürzmischungen für jeden Dosha-Typ, die geeignet sind, die drei Grundkräfte ins Gleichgewicht zu bringen.
Hier eine Aufstellung der Hauptnahrungsmittel nach Geschmacksgruppen:

Getreide, Reis: sind sehr empfehlenswert, weil sie alle Doshas gleichmäßig ernähren. Achten Sie auf Basmati-Reis; das ist ein langkörniger, sehr wertvoller Reis, den Sie in Indienläden erhalten.
Weizen ist ebenfalls ein sehr ganzheitliches Nahrungsmittel. Er verstärkt aber Kapha. Wesentlich leichter ist Dinkel,

der bei uns durch die Vollwertküche bekannt geworden ist.
Gerste wird sehr selten verarbeitet. Diese Getreideart ist leicht und wird für Kapha-Typen empfohlen.
Buchweizen und Hirse haben erhitzende Eigenschaften und regen Pitta an.
Eiweiß: Zu den Hauptlieferanten von Eiweiß gehören Fleisch und Milchprodukte. Fleisch wirkt ebenfalls erhitzend auf den Organismus und wird, weil es schwer verdaulich ist, im Ayur-Veda wenig empfohlen. Milchprodukte dagegen haben einen hohen Stellenwert. Warme Milch z.B. befriedigt alle drei Doshas. Bei Milch ist noch zu beachten, daß sie ein vollständiges Nahrungsmittel ist und daher nicht zu den Mahlzeiten getrunken werden sollte.
Butter ist ein wichtiges Nahrungsmittel im Ayur-Veda. Noch besser aber ist Butterfett oder Ghee, gereinigte Butter. Das Butterfett war früher als Butterschmalz bekannt. Ghee kann jeder leicht selber machen, Rezept siehe S. 53. Ghee in kleinen Mengen auf Brot oder in Speisen genossen, beruhigt alle drei Doshas.
Milch und Ghee sind hervorragende Lebensmittel, die den Körper gesund erhalten.
Öle: Der Ayur-Veda bevorzugt Sesamöl als Massageöl. Sesamöl reduziert Vata. Zur Nahrungszubereitung eignet es sich jedoch nicht, da es zu sehr erhitzt und damit zuviel Pitta in den Körper bringt. Da die meisten gesundheitlichen Störungen im Magen-, Darmbereich liegen - sogenannte Vatastörungen - ist es ganz besonders wichtig, bei der Verdauung alle drei Doshas im Gleichgewicht zu halten. Ghee wird im Ayur-Veda zum Kochen empfohlen - es besänftigt Vata und Pitta und gleicht ein gesundes Kapha aus. Kalt geschlagenes Olivenöl, aber auch Sonnenblumen- und Distelöl von guter Qualität sind für Speisen zu empfehlen.
Süßmittel: Weißer Zucker ist stark Kapha anregend und

sollte daher von Kapha-Typen kaum, von Vata- und Pitta-Typen wenig gegessen werden. Die ursprüngliche Form des Zuckers hat eine erhitzende Wirkung und ist daher nicht für Pitta-Typen geeignet. Honig ist etwas Besonderes. Er schmeckt zwar süß, aber zugleich auch herb. Honig ist ideal für Kapha-Leute, weil er Kapha stark reduziert. Übrigens: Honig darf nicht erhitzt werden! Also nicht damit kochen oder backen. Ein warmes Glas Milch mit einem Löffel Honig ist nicht nur ein altes Hausmittel, sondern auch eine Empfehlung für Menschen, die schwer einschlafen können.

Milchprodukte: Gemeint sind hier Sauermilchprodukte wie Quark, Yoghurt und alle Käsesorten außer den cremigen, frischen Sorten wie Hüttenkäse. Da feste Käsesorten schwer verdaulich sind, empfiehlt der Ayur-Veda, sie nicht am Abend zu essen. Sie regen außerdem Pitta an und in großen Mengen genossen, können sie zu Hautreizungen führen. Also: Pitta-Typen, die Hautprobleme haben, sollten ihren Käsekonsum überprüfen.

Gewürze: Der Ayur-Veda bevorzugt Ingwer und Kurkuma (Gelbwurz), die den Körper erhitzen und den Stoffwechsel anregen. Ingwer regt den Stoffwechsel und die Verdauung stark an und wirkt trotzdem besänftigend auf den Körper. Ein Glas heißes Wasser nach dem Essen mit einer Prise Ingwer unterstützt die Verdauung. Kurkuma ist stark erhitzend, wirkt bei jeder Art der Verschleimungen, wie z.B. Bronchitis, Husten, Schnupfen und regt außerdem die Leber, unser wichtigstes Entgiftungsorgan, an. Kumin, Koriander, Kardamom, Zimt, Nelken etc. werden ebenfalls empfohlen.

Salate, Gemüse: Salate sind bitter im Geschmack - wie Blattgemüse. Sie reduzieren Pitta und Kapha.Knollengemüse wie Gurken, Zuchini, Rote Bete, Karotten, Kartoffeln sind - außer Karotten und Rote Bete - schwer verdaulich. Daher sind sie für Menschen mit schwachem Stoffwechsel und

Rheuma wenig empfehlenswert. Aber es gibt ja noch genügend andere Gemüsesorten.

Hülsenfrüchte: Wir kennen diese Früchte, z.B. Erbsen, Bohnen, Linsen, in erster Linie in Form von schweren Eintöpfen. Der Ayur-Veda verarbeitet sie aber ganz anders, in Form von Gemüsebeilagen als Dhal und schätzt sie wegen ihres hohen Eiweißanteils. Dhal wird meistens aus getrockneten Hülsenfrüchten, z.B. gelben Linsen, Kichererbsen gemacht. Sehr weich gekocht, gewürzt, schmecken sie herrlich als Sauce zu Reis. Versuchen Sie einmal die leichteren, geschälten Mung-Bohnen oder die kleinen roten Linsen, die Sie in Bio-Läden erhalten. Mung-Bohnen sind für jeden Typ zu empfehlen.

Wasser: Wasser ist ein wichtiger Teil unseres Lebens, denn wir bestehen zu ca. 80% aus Wasser. Wasser ist lebensnotwendig. Natürlich ist die Qualität des Wassers entscheidend. Da unser Leitungswasser in den wenigsten Fällen genießbar ist, greifen wir häufig zu Mineralwässern. Aber da gibt es große Unterschiede. Oft sind diese Wässer für uns zu salzig oder enthalten künstliche Kohlensäure. Auch ich gehöre zu den Menschen, die jahrelang "stilles" Wasser getrunken haben, und ich habe mich recht gut damit gefühlt. Das erste, was ich bei meiner Reinigungskur kennengelernt habe, war die Empfehlung, heißes Wasser zu trinken. Dies widerstrebte mir. Ich testete diese Anregung zunächst nach einer Mahlzeit, die mir irgendwie quer im Magen lag. Schon nach einigen Schlucken heißen Wassers fühlte ich mich wohler. Nach kurzer Zeit wurde die gewohnte Kanne mit Kräutertee auf meinem Schreibtisch durch eine Kanne mit heißem Wasser ersetzt. Schluckweise genoß ich das heiße Wasser und stellte fest, daß es sowohl den Durst löschte als auch ein gewisses Wohlbefinden schaffte. Erstaunlich? Ich habe diese Empfehlung beibehalten, und sie ist mir zur "lieben Gewohnheit" geworden. Der

Gedanke, daß das heiße Wasser meinen Körper entschlackt, zugleich meiner Verdauung hilft, hat diese Umstellung ganz natürlich unterstützt. Sicher fragen Sie sich jetzt: Wie soll ich all die Empfehlungen in meinem Alltag umsetzen? Das ist doch viel zu kompliziert. Nein, das ist es nicht. Machen Sie den Test. Sie haben alles in sich. Ihr Körper ist von Natur aus intelligent, und er signalisiert Ihnen genau, was ihm guttut. Die wichtigsten Empfehlungen hier noch einmal zusammengefaßt:

- Essen Sie, wenn Sie Hunger haben.
- Essen Sie möglichst warme Speisen.
- Würzen Sie je nach Geschmack.
- Essen Sie nur so viel, daß Ihr Magen zu 2/3 gefüllt ist
- Übrigens, wegen der verschiedenen Geschmacksrichtungen brauchen Sie sich keine Gedanken zu machen. Meistens essen Sie alle Geschmacksrichtungen bei einer Mahlzeit. Süß und salzig sind meist dabei. Scharf ist eventuell neu für Sie. Also verwenden Sie öfter mal schwarzen Pfeffer, Ingwer oder andere Gewürze. Bitter und herb genießen Sie häufig in Form von Gemüsen.

Diesen Teil über Ernährung sollen Sie erst einmal verdauen. Zur Unterstützung habe ich für Sie die häufigsten Fragen aus den Patientengesprächen zusammengefaßt. Vielleicht finden Sie auch Ihre Fragen darunter.

Was sagt der Ayur-Veda zu Obst

Das Obst sollte roh gegessen werden, und es sollte reif sein. Es empfiehlt sich , darauf zu achten, daß es nicht zu sauer ist. Süßes Obst regt Kapha an und saures Pitta. Für Obst und Rohkost gilt: möglichst nicht am Abend essen!

Wie wird Ghee hergestellt?

Die Herstellung von Ghee aus Butter ist recht einfach: Geben Sie Butter - am besten eine größere Menge - in einen Topf und erhitzen Sie diesen. Nach einer Weile teilt sich die Butter in klare goldgelbe Flüssigkeit, an deren Oberfläche sich Schaum bildet. Der Schaum muß abgeschöpft oder kann, wenn er fest geworden ist, abgegossen werden. Das Ghee wird durch einen Teefilter gegossen, damit die letzten Verunreinigungen im Filter bleiben. Ghee wird übrigens nicht ranzig und kann lange aufbewahrt werden.

Sollte man neben einer ausgewogenen Ernährung noch zusätzlich Vitamintabletten nehmen?

Nein, das ist nicht notwendig, wenn der Körper im Gleichgewicht ist. Und das ist er, wenn wir ausgewogen essen und die Nahrung frisch ist, also nicht aus der Dose oder der Tiefkühltruhe leben. Leidet der Körper jedoch unter einem Vitaminmangel, z.B. in der Schwangerschaft, so meldet er dies mit entsprechenden Gelüsten oder Wünschen an. Wir müssen nur lernen, wieder darauf zu hören.

Was ist Lassi?

Lassi ist ein Milch-Wasser-Getränk mit Gewürzen, das durch die Milchsäure Pitta beruhigt.

Warum soll man beim Essen nichts Kaltes trinken?

Kalte Getränke kühlen den Magen aus und verlangsamen die Verdauung. Die gute alte Sitte, eine heiße Suppe vor dem Hauptgang zu essen, ist auch heute noch sinnvoll.

Warum hat die Nahrung einen so großen Einfluß auf unseren Gemütszustand?

Nach einem guten Essen fühlen wir uns entspannt und wohl. Nach einem Wutausbruch greift man spontan zu einem Eis. Das Eis kühlt wirklich nicht nur den Magen, sondern auch das Gemüt. Das sind einfache Beispiele, die zeigen, welchen Einfluß die Ernährung auf die Gesundheit hat und wie sehr Sie Meister Ihres eigenen Wohlbefindens sind. Sicher kennen Sie das Glücksgefühl, das mit diesem Wohlbefinden verbunden ist. Es zeigt, daß Sie auf dem richtigen Weg sind.

Wie sollte die Nahrung zubereitet und verfeinert werden?

Der Ayur-Veda empfiehlt grundsätzlich gekochte Nahrung im Gegensatz zu Rohkost. Warum? Weil Rohes schwer zu verdauen ist. Im Körper sammelt sich bei roher Nahrung viel Luft an. Konsequente Rohköstler erkennen Sie an der roten Nase und häufig an einer Fettleber, weil durch die Gärung die Rohkost im Körper zuviel Alkohol produziert. Gekochte Nahrung entspannt und mindert z.B. Vata-Störungen, unter denen die meisten Streßgeplagten leiden. Der Körper braucht ca. 30% seiner Energie für die Verdauung. Schon aus diesem Grund ist einsehbar, wie sehr er bei leichtem Essen entlastet wird und wieviel Energie für andere Dinge übrig bleibt. Wer also seinen Körper "erleichtern" möchte, kann dies an einem Tag in der Woche oder an einem Wochenende durchaus tun, indem er leichte Suppen zu sich nimmt. Ideal ist eine Mischung aus Basmati-Reis und Mung-Bohnen. Übrigens: Jeder kranke Mensch neigt dazu, wenig zu essen. Eine ganz natürliche Reaktion, weil seine Verdauungskraft gemindert ist.

Welche Nahrungsmittel sollte man auswählen?

Der Ayur-Veda empfiehlt vorzugsweise die Nahrungsmittel zu essen, die in dem jeweiligen Land wachsen, in dem der Mensch lebt, und zwar entsprechend der Jahreszeit.

Ein Wort zu den schlechten Gewohnheiten. Wie wird man sie los?

Schlechte Gewohnheiten haben sich oft in Jahrzehnten aufgebaut und können nicht in Tagen über Bord geworfen werden. Haben Sie also Geduld mit sich. Gehen Sie liebevoll mit sich um? Beobachten Sie sich. Beispielsweise beim Kaffeegenuß. Auch bei mir gehörte der Kaffee am Morgen und am Nachmittag zur lieben Gewohnheit. Nach der zweiten Reinigungskur im Ayur-Veda-Zentrum in Schledehausen, nach 14 Tagen ganz ohne Kaffee, stellte ich fest, daß ich, wenn ich morgens aus Gewohnheit wieder zwei Tassen ziemlich starken Kaffee trank, innerlich flatterte. Ich fühlte mich überhaupt nicht wohl dabei. Also reduzierte ich den Kaffee von zwei Tassen auf eine und verdünnte diese eine Tasse mit viel Wasser und Milch. Der Kaffee am Nachmittag entfiel irgendwann, ohne daß ich mir einen Zwang auferlegt hatte.

Wie steht es bei Kindern mit der Verdauung?

Kinder verdauen schneller als Erwachsene, sie sind aber auch viel mehr in Bewegung. Daher sind kleine leichte Zwischenmahlzeiten wie Obst und Milch für Kinder ideal.

Was sagt der Ayur-Veda zu Mineralwässern?

Die Ernährung im Ayur-Veda ist ausgewogen, so daß Mineralwässer, die ja Spurenelemente und Mineralien enthalten, eigentlich nicht notwendig sind. Normales Leitungswasser hat, wenn es 4-5 Minuten gekocht wird, eine stark reinigende Kraft auf den Körper und löscht den Durst.

Warum werden warme Speisen besser verdaut als kalte?

Bei warmen Speisen entwickeln unsere Enzyme größere Aktivität. Bei kalten dagegen wird der obere Verdauungstrakt geschwächt.

Was sagt der Ayur-Veda zu aufgewärmten Speisen?

Wenn möglich, alles frisch essen und nichts aufwärmen. Abgesehen davon, daß z.B. aufgewärmtes Gemüse nicht gut schmeckt.

Durch welche Eigenschaften erkennt man die Doshas

Die Eigenschaften des Vata-Typ sind:
Seine Eigenschaften sind: schnell, leicht, beweglich, beständig. Er ißt mal viel, mal wenig. Bei Streß neigt er dazu, viel zu essen, und die Folge davon sind Blähung und Verstopfung, bis hin zu seelischer Verstopfung. Er macht dann auch gefühlsmäßig dicht.

Die Eigenschaften des Pitta-Typ sind:
Der Pitta-Typ ist robuster. Er hat eine gute Verdauung, kann also alles ohne Probleme essen. Dieser Typ hat großen Hunger und einen gut funktionierenden Stoffwechsel.

Die Eigenschaften des Kapha-Typ sind:
Er ist eher bedächtig und beständig. Ebenso sein Stoffwechsel. Er ißt wenig und langsam. Sein Stoffwechsel läßt sich Zeit zum Verarbeiten der Nahrung. Dieser Typ neigt schnell zu Völlegefühl und zu Gewichtsproblemen. Er ist ein guter "Futterverwerter".

Welche Mischtypen gibt es?

Neben diesen drei Grundtypen gibt es Mischtypen. Also Kapha-Pitta-, Vata-Pitta- oder z.B. Kapha-Vata-Typ. Wichtig ist es, seinen Typ zu kennen und eventuelle Störungen durch entsprechende Ernährung auszugleichen. Wie Sie Ihren Typ finden? Durch eine Pulsdiagnose beim Ayur-Veda-Arzt oder anhand der Tabellen über Doshas und deren Eigenschaften (siehe S. 35). Hier noch einmal die wichtigsten Empfehlungen zusammengefaßt. Vielleicht machen Sie sich daraus eine Liste, die Sie sich an Ihren Arbeitsplatz hängen.

Welches sind die wichtigsten Empfehlungen für das Essen im Ayur-Veda?

- Essen Sie möglichst in stiller Umgebung.
- Richten Sie Ihre Aufmerksamkeit auf das Essen. Warum? Weil das Ihre Verdauung stärkt. Ist doch klar: die Verdauung fängt im Mund an. Sie wissen doch, wie das ist, wenn Ihnen das Wasser im Munde zusammenläuft.
- Essen Sie mit all Ihren Sinnen. Mit den Augen. Mit der Nase, den Geschmacksnerven.
- Achten Sie auf eine entspannte Atmosphäre.
- Schließen Sie die Augen, bevor Sie mit dem Essen beginnen.

So konzentrieren Sie sich mehr darauf. Sie kennen doch vielleicht das gute alte Tischgebet. Sicher. Das hatte eine ähnliche Funktion.

- Essen Sie nur, wenn Sie Hunger haben Das ist der wichtigste Punkt der gesamten Ernährung im Ayur-Veda. Lernen Sie zu unterscheiden zwischen Hunger und Appetit. Für mich war dieser Punkt mein wesentlichster Ansatz zum Gewichtsverlust und Gewichthalten. Ich habe schnell erkannt, daß ich in den meisten Fällen gar keinen Hunger hatte, sondern aus Gewohnheit aß, weil es z.B. Zeit zum Essen war. Ist das so schlimm? Was passiert, wenn wir essen, obwohl wir keinen Hunger haben? Schauen wir uns an, was im Körper geschieht, wenn wir essen, obwohl wir eigentlich satt sind. Die Nahrung wird zunächst von den Zähnen zerkleinert und dann in immer feinere Teile zerlegt, die nach und nach in den Blutkreislauf und die Zellen wandern, ein komplizierter chemischer Prozeß, den unser Körper leistet. Dazu braucht er Zeit. Kommt aber nun ein neuer Essensschub, bevor das alte Essen richtig verarbeitet ist, so wird der Verdauungsprozeß gestört. Im Körper bilden sich Stoffwechselschlacken. Im Ayur-Veda nennt man das Ama. Dieses Ama stört unser Wohlbefinden erheblich, auch den Aufbau der Körpergewebe. Sicher kennen Sie die Erfahrung, wenn Sie abends spät und viel gegessen haben und morgens mit schwerem, dumpfen Kopf und steifen Gelenken aufwachen. Die Ursache dafür ist zuviel Ama. Also die unverarbeiteten Stoffwechselabfälle, die sich im Körper durch die späte Kalorienzufuhr angesammelt haben.

Und wenn es doch mal mehr geworden ist, was können Sie tun?

Einfach ausgleichen, indem Sie die nächste Mahlzeit auslassen. Mir fällt das inzwischen leicht. Wenn ich abends zum Essen eingeladen bin, lasse ich am nächsten Morgen das Frühstück ausfallen. Kapha-Typen brauchen ohnehin kein oder wenig Frühstück. So habe ich am Mittag wieder richtig Lust auf's Essen. Dazu noch ein guter Tip: Immer, wenn Sie viel gegessen oder etwas Falsches zu sich genommen haben, also zu süß oder zu fett oder zu schwer, trinken Sie eine Tasse heißes Wasser mit etwas Ingwerpulver. Das gleicht aus und mindert die Schlackenansammlung im Körper. Für alle Doshas gilt: Mittags ist die Verdauungskraft am stärksten. Und da wir gerade vom Mittagessen sprechen, sollten wir auch ein paar Worte zum Mittagsschlaf sagen. Auch hierbei richten Sie sich nach Ihrem individuellen Typ. Wer viel Vata hat, kann gut mittags eine halbe Stunde schlafen. Der Kapha-Typ sollte nach dem Essen eine Weile ruhig sitzen. Auf keinen Fall schlafen. Der Pitta-Typ kann sich 5-10 Minuten sitzend oder liegend entspannen.

Trinken Sie heißes Wasser

Wir haben in diesem Kapitel viel über das Essen gesprochen, und zur Abrundung gehören auch ein paar wichtige Anmerkungen über das Trinken dazu. Grundsätzlich sagt der Maharishi Ayur-Veda: "Zu viel Essen und Trinken mindert das Verdauungsfeuer." Das Durstgefühl ist bei jedem Menschen sehr unterschiedlich. Viele Menschen, vor allem die älteren neigen aber dazu, zu wenig zu trinken. Sie trocknen quasi von innen aus. Wo liegt das rechte Maß, und was sollen wir trinken? Der Ayur-Veda empfiehlt mindestens 5-6 Tassen heißes Wasser pro Tag. Heißes Wasser, weil es die Verdauungskraft stärkt.

Kapitel 5

"Glücklich schlank"

Sagen Sie "Ja" zu sich selbst, und lassen Sie Ihr Gewicht los!

Als ich den Titel des "Glücklich schlank" - Programms zum ersten Mal hörte, dachte ich spontan: "Glücklich schlank", geht denn das? Und sofort tauchte in meinem Kopf der Gedanke auf: "Glücklich, dick und doof", denn das erschien mir logischer. Auch ich gehörte zu den Menschen, die sämtliche Diäten ausprobiert hatten und den "Jo-Jo-Effekt" von Blitzdiäten bestens kannten. Für mich war das Wort Diät mit Verzicht, Kalorienzählen und Terror der Waage verbunden. Und Frust, denn die 10 Pfund waren so schnell wieder drauf, wie sie runter waren. Das neue Programm aus Amerika versprach in erster Linie mehr Lebensfreude, Vitalität und quasi als Nebeneffekt ein Purzeln der Pfunde. Da ich ohnehin für Ayur-Veda offen war, besuchte ich mehrere Videoabende unter Leitung eines Ayur-Veda-Arztes, und es erschlossen sich neue Welten für mich.
Entwickelt wurde das "Glücklich schlank"- Programm von Dr. Deepak Chopra, einem inzwischen berühmten Ayur-Veda-Arzt in Amerika. Dr. Chopra hat den Kursus bereits mit Tausenden von begeisterten Amerikanern erfolgreich durchgeführt. Alle Teilnehmer wurden und blieben glücklich schlank. Bei diesem Programm gibt es kein "Nein" und

kein Kalorienzählen. Auch kein "Du darfst nicht". Der Unterschied zu allen bekannten Methoden, Gewicht zu verlieren, liegt darin,

"Ja zu sich selbst zu sagen",
"Ja zum Essen",
"Ja zur Freude am Essen" und
"Ja zum Hunger".

Jeder Teilnehmer erhält während des Video-Kurses als Hilfe einige Fragebögen, mit denen er eine Zeitlang sein Eßverhalten beobachtet und schriftlich festhält. Da wird z.B. gefragt:

"Essen Sie oft in Eile?"
"Vielleicht Fast Food im Stehen?"
"Essen Sie, wenn Sie erregt sind?"
"Haben Sie oft ein Völlegefühl nach dem Essen?"
"Schlingen Sie das Essen hinunter?" oder
"Kauen Sie langsam und genüßlich?"
"Wissen Sie hinterher manchmal gar nicht, was Sie gegessen haben?"

Wenn Sie die meisten dieser Fragen mit "Ja" beantwortet haben, rate ich Ihnen, unbedingt dieses Programm zu machen, auch wenn Sie keine Gewichtsprobleme haben. Bei mir waren bei diesen Fragen jede Menge "Ja's". Denn ich bin berufstätig, habe viel Streß. Das Essen mittags läuft meist so nebenbei, oft verbunden mit geschäftlichen Gesprächen. Meistens aß ich hastig, hatte ein schlechtes Gewissen, weil ich das Falsche gegessen hatte und sagte beim Dessert - wegen der Linie - "Nein, danke". Zurück am Arbeitsplatz fühlte ich mich voll und schwer. Von Genuß und Lebensfreude war selten etwas zu merken. Das versuchte ich dann abends auszugleichen. Mit dem Ergebnis: Mein Gewicht blieb hartnäckig bei 140 Pfund stehen. Mit "Glücklich schlank" aber durfte ich essen, was und soviel ich wollte. Mit dem Unterschied, daß ich mich immer vor dem Essen fragte "Worauf hast du Lust" und "Wie groß ist dein Hunger?" Ein wichtiges Hilfsmittel dabei war die sogenannte "Sättigungsskala", die ich während des Kurses erhalten hatte. Diese Skala ist ein Halbkreis. Er geht von 0 bis 8, 0 - bedeutet leer (Hunger), 8 bedeutet voll, 6 bedeutet zufrieden. Mit Hilfe dieser Skala lernte ich mein Hunger-, Sättigungsgefühl einzuschätzen. Ich machte dabei eine interessante Beobachtung: Häufig hatte ich zur Essenzeit gar keinen Hunger. Häufig war dieser "Hunger" eigentlich nur Appetit und ich beschloß, noch mit dem Essen zu warten. Nach einiger Zeit stellte sich bei mir ein natürliches Gefühl für meine Eßbedürfnisse ein und ich aß nur noch soviel, wie mein Körper gerade verlangte. Ich lernte entspannt und mit Freude zu essen und ohne Verzicht. So verlor ich mühelos, ohne mich anzustrengen, 2 Kilo in der ersten Woche und dann noch einmal einige Pfund in den nächsten Wochen. Insgesamt waren es 5 Kilo. Und was mich überrascht hat, ich habe das Gewicht gehalten.Die Gewichtsabnahme in den Kursen ist individuell sehr verschieden und hängt vom Ausgangsgewicht ab. Bei starkem Gewicht nehmen Teilnehmer in 2-3 Monaten mühelos bis zu 20 Kilo ab und halten das Gewicht! Das Gewichthalten ist das Wichtigste dabei. 98% aller Diäten scheitern bisher daran, daß das Gewicht wieder zugenommen wird. Beim "Glücklich schlank"-Programm aber pendelt sich das individuelle Gewicht bei jedem ganz natürlich ein, und ebenso natürlich lernt jeder Teilnehmer, sein Gewicht zu halten. So einfach ist das, wenn wir der Natur erlauben, uns zu helfen. Unser Körper ist von Natur aus so intelligent, daß er genau weiß, was für ihn gut ist. Wir müssen ihn nur lassen! Hier noch einige Kommentare und Erfahrungen von anderen Teilnehmern des "Glücklich schlank"-Programmes:

"Ich habe -zig Diätversuche ohne dauerhaften Erfolg hinter mir. Jetzt habe ich mit dem Programm innerhalb von 3 Monaten 30 Pfund verloren ohne mich anzustrengen, und ich fühle mich leicht und habe mehr Selbstvertrauen." (Frau, 50 Jahre)

"40 Diätversuche seit meinem 12. Lebensjahr. Ich hielt mich für labil, schwach und glaubte, ich schaffe das nie. Ich war frustriert. Aber jetzt fühle ich mich wie neu. Echt glücklich. Für mich fängt ein neues Leben an." (Frau, 47 Jahre)

"Ich habe in 4 Wochen 4 Kilo verloren, und es geht weiter. Ich stehe morgens spontaner auf, bin fröhlicher. Sonst war ich ein Morgenmuffel, jetzt aber bin ich munterer und esse das, was ich möchte. Im "Glücklich schlank"-Kursus habe ich gelernt zu verstehen, was mein Körper braucht." (Frau, 32 Jahre).

"Erst war ich skeptisch. Aber innerhalb von 2 Monaten habe ich 10-12 Kilo abgenommen. Ich fühle mich fit und neu. Und vor allem meine Schlafstörungen sind verschwunden."(Mann, 30 Jahre)

"Eigentlich habe ich keine Gewichtsprobleme. Ich wollte nur ein paar Kilo abnehmen. Was ich erfahren habe, war wieviel Freude Essen machen kann. Ich habe sonst immer alles ohne nachzudenken in mich hineingestopft. Angst hatte ich vor den Übungen, den Anleitungen. Die leichten Yoga-Übungen aber waren sehr angenehm und sind mir inzwischen zur lieben Routine geworden". (Frau, 23 Jahre)

Hier ein Auszug aus den Empfehlungen des "Glücklich schlank"-Programms:

- Ich aß in einer ruhigen und stillen Atmosphäre
- Ich aß nicht, während ich aufgeregt war
- Ich habe beim Essen am Tisch gesessen
- Vor dem Essen habe ich meine Hungerebene (Sättigungsskala) eingeschätzt
- Ich habe kaltes Essen und kalte Getränke vermieden
- Während des Kauens habe ich nicht geredet
- Ich war mir der Geschwindigkeit bewußt, mit der ich aß
- Ich habe nicht gegessen, bevor die vorhergehende Mahlzeit verdaut war
- Während des Essens habe ich warmes Wassers schluckweise getrunken
- Ich habe frisches Essen zu mir genommen
- Ich habe gekochte Nahrung gegessen
- Ich habe nicht mit Honig gekocht oder erhitzten Honig zu mir genommen
- Ich habe keine Milch zusammen mit einer Mahlzeit getrunken (besonders nicht mit Gewürzen, Fleisch, salzigen oder sauren Nahrungsmitteln)
- Ich habe 4-5 Minuten nach dem Essen stillgesessen
- Ich habe meine 5 Sinne benutzt, um mich am Essen zu erfreuen

Einfache und sehr effektive Körperübungen für Leute mit Gewichtsproblemen

Diese Übungen wurden für das Ayur-Veda "Glücklich schlank"-Programm erarbeitet. Sie stimulieren die vitalen Punkte im Körper und verbessern die Körper-Geist-Koordination.

Diese Punkte werden übrigens Marmas genannt. Sie haben großen Einfluß auf den Körper, denn sie sind Schaltzentralen, die mit anderen Teilen des Körpers in Verbindung stehen.

Die folgenden Übungen sind ideal, um Gewichtsprobleme zu korrigieren. Bitte beachten Sie bei der Ausübung, daß Sie sich nicht zu sehr anstrengen. Also nur so weit dehnen, wie es angenehm ist.
Die Positionen mindestens 5 Sekunden einhalten und wieder leicht aus ihnen herausgehen.

Bauch anheben

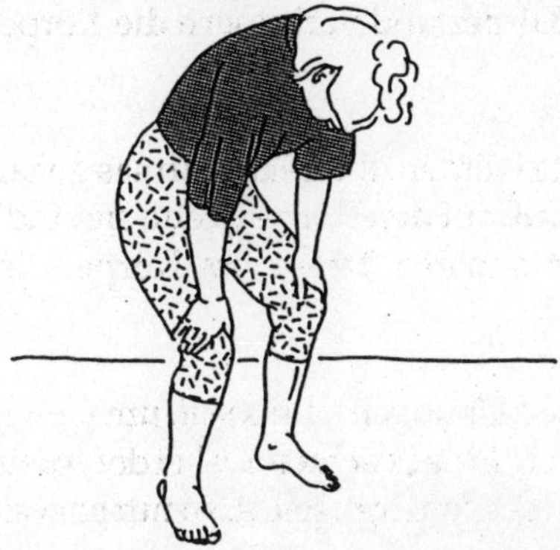

1. Stehen Sie mit gespreizten Füßen. Beugen Sie sich von den Hüften aus vorwärts mit leicht gebeugten Knien und stützen Sie Ihre Hände auf den Oberschenkeln ab, gerade oberhalb der Knie.
2. Atmen Sie tief ein, dann atmen Sie die gesamte Luft aus den Lungen aus.
3. Während Sie fortfahren, den Atem zu halten, (atmen Sie nicht ein), bewegen Sie den Magen und den Bauch leicht nach innen in Richtung auf die Wirbelsäule mit einer schnellen pumpenden Bewegung. Wiederholen Sie diese Rein- und Raus-Bewegung drei- oder viermal und kommen Sie dann zu Ihrer normalen Atmung zurück.
4. Achten Sie darauf, daß Sie sich während des Bauchhebens nicht zu sehr anstrengen. Diese Übung soll eine sanfte Massage des Bauches und der umgebenden Muskeln erreichen.

Bewußtseins-Haltung

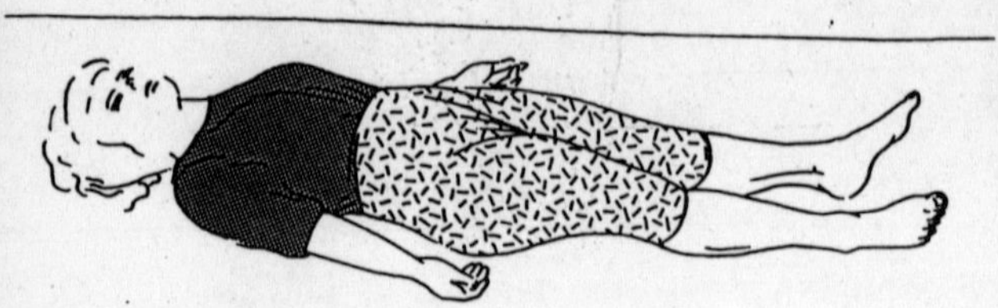

1. Legen Sie sich hin, wie in der Zeichnung angegeben. Lassen Sie Ihre Arme leicht an den Seiten ruhen mit den Handflächen nach oben.

2. Der Körper sollte entspannt sein. Schließen Sie Ihre Augen, erlauben Sie Ihrem Bewußtsein, im Körper zu wandern und dorthin zu gehen, wo es am meisten angezogen wird, z.B. in den Rücken, wo besonders viele Verspannungen sind.

Im Stehen vorwärts beugen

1. Stehen Sie aufrecht etwa hüftbreit mit parallel gestellten Füßen. Verteilen Sie Ihr Gewicht gleichmäßig auf beide Füße.

2. Beugen Sie sich nach vorne, bis ihre Hände die Zehen berühren (oder soweit, wie es bequem geht). Ihre Arme sollten gestreckt sein und Ihre Stirn sollte, wenn möglich, die Knie berühren. Achten Sie darauf, daß Ihr Bauch in dieser Haltung eingezogen ist.

Vorwärts gebeugt sitzen

1. Setzen Sie sich auf den Boden und strecken Sie Ihre Beine aus.
2. Beugen Sie sich vorwärts und berühren Sie mit Ihren Händen Ihre Zehen oder Fersen und gehen Sie mit dem Kopf möglichst nahe an die Knie. Halten Sie diese Haltung für einige Sekunden ein, dann lösen Sie sie langsam.

Bogenhaltung

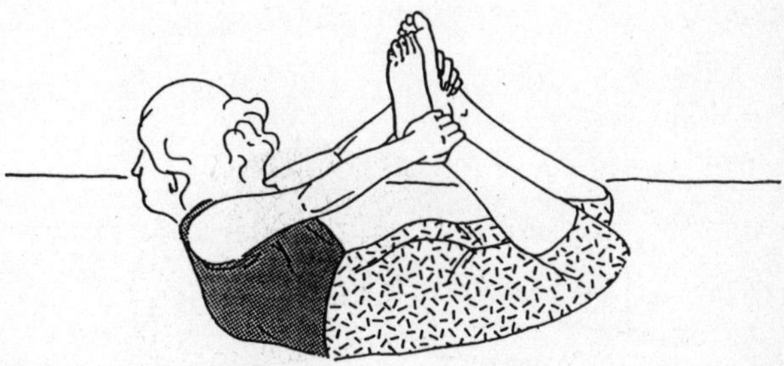

1. Legen Sie sich mit dem Bauch auf den Boden. Beugen Sie Ihre Knie, drücken Sie Ihren Rücken durch und heben Sie die Hacken in Richtung auf Ihr Gesäß hoch. Strecken Sie Ihre Arme hoch und halten Sie damit, sofern möglich, Ihre Sprunggelenke fest. Sie können aber auch tiefer die Beine fassen.
2. Heben Sie langsam den Kopf, die Hüften und die Brust vom Fußboden, so daß der Körper einen Bogen bildet. Halten Sie die Beine möglichst zusammen. Nehmen Sie diese Haltung für einige Sekunden ein, dann lassen Sie langsam los.

Kinderhaltung

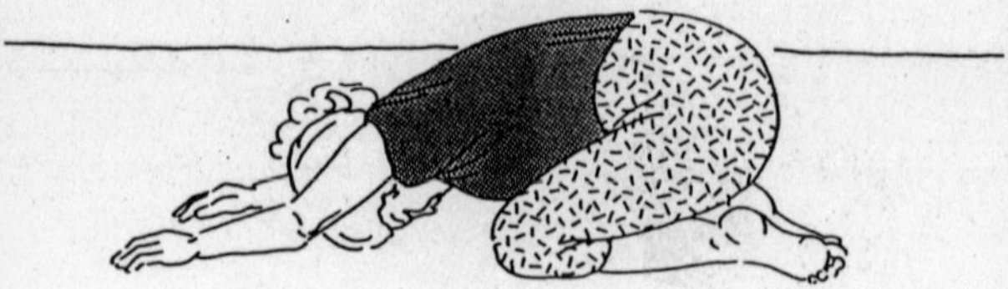

1. Setzen Sie sich auf Ihre Hacken, beugen Sie sich ab der Taille vorwärts und strecken Arme und Rumpf nach vorne, bis die Stirn auf dem Fußboden liegt. Gehen Sie mit den Händen soweit nach vorne, wie es für Sie bequem ist.
2. Ruhen Sie in dieser Haltung kurz aus, während Sie ganz natürlich atmen.

Brückenhaltung

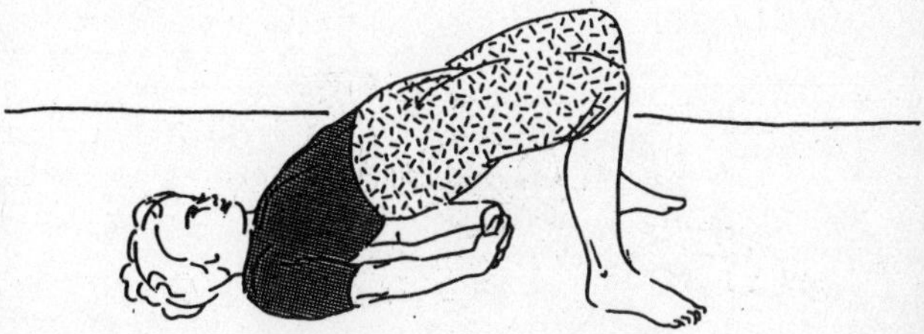

1. Legen Sie sich auf den Rücken und heben Sie die Knie nach oben, indem Sie die Füße flach auf dem Fußboden halten und die Beine soweit auseinanderstrecken wie Ihre Hüften.
2. Nun bringen Sie das Becken in eine schiefe Lage, indem Sie das Steißbein durchdrücken und das Gesäß vom Boden heben.
3. Strecken Sie die Arme aus, falten Sie Ihre Hände unter dem Rücken. Strecken Sie die Hände und die Arme in Richtung auf die Hacken. Einige Sekunden halten und dann loslassen.

Einfache Drehung auf dem Rücken

1. Bleiben Sie in der Rückenlage und halten Sie die Knie gebeugt mit den Fußsohlen auf dem Fußboden.
2. Strecken Sie Ihre Arme seitlich aus, so daß Ihr Rumpf mit den Armen eine T-Form bildet.
3. Bringen Sie die Knie zur Brust. Senken Sie beide Knie langsam auf die linke Seite, während Sie gleichzeitig Ihren Kopf zur rechten Seite drehen.
4. Halten Sie diese Stellung einige Sekunden lang und wiederholen Sie sie dann, indem Sie Ihre Knie zurück zur Mitte bringen und sie dann langsam zur rechten Seite senken. Der Kopf dreht sich gleichzeitig in die gegenüberliegende Richtung, also nach links.

5. Bringen Sie die Knie in die Mitte zurück und stehen Sie langsam auf.
Diese "Glücklich schlank"- Kurse werden seit ca. 2 Jahren von den Ayur-Veda-Ärzten in Deutschland durchgeführt.

Kapitel 6

Pancha Karma - ayur-vedische Reinigungstherapie in Deutschland

Eine wichtige Rolle in der Vorbeugung und in der Therapie spielen die ayur-vedischen Reinigungsbehandlungen, auch Pancha-Karma-Therapien genannt. In Deutschland werden sie in den Ayur-Veda-Gesundheitszentren in Schledehausen bei Osnabrück und in Sasbachwalden im Schwarzwald seit fünf bzw. einem Jahr durchgeführt.Pancha-Karma, der Name bedeutet fünf reinigende Säulen der Therapie. Wenn durch falsche Ernährung, falsches Verhalten, Jahreszeiteneinflüsse und Umweltfaktoren die Doshas aus der Balance sind, wird Pancha-Karma empfohlen - eine sanfte, aber doch sehr tiefgreifende Reinigung des Körpers. Ich habe Pancha-Karma 1987 zum ersten Mal erlebt und erfahren, wie harmonisierend die Behandlungen, z. B. die Ölmassagen, Kräuterbäder auf Körper und Geist wirken. Seit dieser Zeit habe ich regelmäßig einmal im Jahr eine solche Reinigungskur gemacht. Was mich immer wieder erstaunt hat, ist, wie innerhalb von 14 Tagen sich Menschen verändern. Bei Kurbeginn sind es verschlossene, ernste Menschen, mit denen man kaum ein Wort wechseln kann.

Nach ein paar Tagen - nach den ersten Behandlungen - öffnen sich diese Menschen. Sie lächeln, strahlen Ruhe aus und sind wie ausgewechselt. So ergeht es jedem, der diese ayur-vedische Kur macht. Es ist, als ob er mit den Schlakken, die den Körper mit den Einläufen verlassen, Ballast abwirft, sowohl geistig wie körperlich.

Was geschieht bei der Reinigungskur? Und bei welchen Krankheitsbildern ist sie empfehlenswert?

Pancha Karma ist ein fein aufeinander abgestimmtes System körperlicher Reinigungs- und Ausleitungsverfahren. Mit Ausleitung sind pflanzliche Abführmethoden, sogenannte Bastis (Kräutereinläufe) gemeint. Pancha-Karma ist ein Sanskritwort, es kommt also aus dem indischen und bedeutet genau Pancha = fünf und Karma = Handlung. Gemeint sind damit die fünf bedeutendsten, wirkungsvollsten Therapien zur Reinigung und biologischen Verjüngung des Körpers. Mit diesen Therapien wird das Ungleichgewicht der Doshas im Körper wieder ausgeglichen. Am Anfang der Reinigungskur steht eine Untersuchung durch einen Ayur-Veda-Arzt, mit dem Ziel, die Konstitutionstypen (Doshas) und deren Störungen zu bestimmen. Ich muß sagen, ich war sehr überrascht, als bei einer solchen Untersuchung der Ayur-Veda-Arzt sehr lange meinen Puls fühlte, um eventuelle Störungen bzw. Krankheitssymptome (im Ayur-Veda sind es ja Ungleichgewichte der Doshas) festzustellen.Wieviel Erfahrung gehört dazu, um per Finger und Puls die zarteste Störung im Körper zu erfühlen. Bei mir lag z.B. eine Vata-Störung vor (Vata, abgeleitet von Wind und Luft). Ich wußte, daß ich viel gereist war und zuviel Streß gehabt hatte. Also paßte das. Ich wurde dann als Kapha-Pitta-Typ eingestuft. Kapha, das bedeutet zugleich langsame Verdauung also, guter Futterverwerter. Ich verstand nun meine Gewichtsprobleme. Aber Gottseidank war da auch viel Pitta (abgeleitet von Feuer und Wasser). Daher also meine Ungeduld und mein häufiges "Zu-schnell-sein". Und Sonne und Wärme mochte ich auch nicht. Wunderbar, wie das alles zusammenpaßte. Jeder Patient erhält während der Kur seinen individuellen Therapieplan. Ein wichtiger Teil dieses Plans ist die ayurvedische Diät oder das Snehana. Das ist eine innere Öl-Therapie, die die Stoffwechselschlacken mobilisiert. Drei Tage wird am Morgen flüssiges, warmes Ghee (gereinigtes Butterfett) getrunken. Das ist aber nicht schwer. Das Fett soll die fettlöslichen Schlacken aus den Zellen holen und so die Reinigung des Körpers vorbereiten. Diese Schlacken wandern dann in den Darm und werden mit Kräuterabführ-Mitteln herausgelöst. Auch das übersteht jeder und fühlt sich dananch leichter und gelöster. Jetzt folgt der besonders angenehme Teil der Kur, das sogenannte Abhyanga (Massage). Diese wunderbaren Ölmassagen werden synchron von zwei Therapeuten ausgeführt. Dabei werden Männer von Männern und Frauen von Frauen behandelt. Die Massageöle dringen in die Haut ein und lösen fettlösliche Toxine (Gifte) aus den Geweben. Während einer 14-tägigen Kur - und das sollte das Minimum sein - erleben Sie fünf bis sechs solcher herrlichen Massagen. Ich habe, wie allePatienten, diesen Teil der Kur sehr genossen und mich selten so harmonisch gefühlt. Gehüllt in Decken, liebevoll versorgt, fiel alle innere Unruhe von mir ab. Ich fühlte mich, in andächtiger Stille liegend, glücklich und umsorgt wie ein Baby.Auch das Öl-Entspannungsbad oder Shirodara ist ein besonderer Höhepunkt der Kur. Das ist eine Behandlung des Kopfes, genauer der Stirn, bei der ein warmer Ölstrahl über die Stirn fließt. Dabei können tiefgreifende harmonisierende Wirkungen eintreten.Noch ein paar Worte zu den

Einläufen (Bastis). Im Ayur-Veda haben sie eine besondere Bedeutung. Der Ayur-Veda kennt ca. zweitausend verschiedene Rezepte für Einläufe. Es gibt Einläufe, die z.B. beruhigen, es gibt aber auch andere, die entgiften. Viele von uns leiden unter Kopfschmerzen, Heuschnupfen. Ideal für sie ist die sogenannte Nasen-Kopfbehandlung "Nasya". Nach einer Kopf- und Schultermassage erfolgt eine Erwärmung des Kopfes und anschließend werden Öle mit Kräuterzusätzen in die Nase geträufelt. Diese ayur-vedische Behandlungsart wirkt beruhigend auf den gesamten Kopf-Nackenbereich. Sie wird sehr erfolgreich bei Durchblutungsstörungen des Kopfes, verschiedenen Beschwerden der Augen und des Halses eingesetzt. Mir hat Nasya sehr bei meinem Heuschnupfen geholfen. Eine Bekannte erzählte mir, daß sie nach solch einer Behandlung besser sehen konnte. Auch das ist möglich.
Bei welchen Krankheiten wird Pancha-Karma empfohlen? Einige habe ich schon genannt. Am meisten wird diese Kur bei allen Formen von Rheuma-Erkrankungen, Erkrankungen des Nervensystems, Störungen des Verdauungstraktes und des Stoffwechsels und bei psychosomatischen Krankheiten empfohlen.

Die Kur ist zu Ende. Und danach?

Während des Aufenthaltes in den Ayur-Veda-Zentren gibt es Videovorträge über Ernährung, über Verhaltensempfehlungen für den Alltag und viele praktische Tips. In den Arzt-Patienten-Gesprächen und den Vorträgen der Ärzte werden jede Menge wertvolle Tips für den Alltag gegeben und alle individuellen Fragen beantwortet. Jeder Patient kehrt mit einem wahren Schatz an praktischem Wissen nach Hause. Was er daraus macht, liegt an ihm. Nach jeder Kur - ich habe inzwischen schon vier gemacht - hatte ich neue Erfahrungen, die ich nach und nach in meinem täglichen Leben angewendet habe. Grundsätzlich wird empfohlen, sich während der Kur geistig und körperlich nicht anzustrengen. Das ist verständlich, da der Körper mit der Reinigungsarbeit genug zu tun hat. Der Wunsch nach Ruhe ist somit normal. Der Patient fühlt sich sensibler als sonst und ernährt sich auch leichter. Er ißt nur, wenn er Hunger hat. Jeder Mensch hat die Chance in dieser Zeit, seine natürlichen Bedürfnisse wieder zu entdecken. Eine schöne Erfahrung. Der Kur-Tag ist ausgefüllt mit Behandlungen, Gruppentreffen, Arzt-Patienten-Gesprächen, Ausruhen, Vorträgen über Ayur-Veda und ausreichend Freizeit für Spaziergänge, Lesen oder Faulenzen. Wer sich jetzt entschließen sollte, eine ayur-vedische Kur zu machen, sollte beachten, daß die Nachkur-Phase sehr wichtig ist. (Das ist ca. die doppelte Zeit der Kur. Bei z.B. 14 Tagen Pancha-Karma sind das 28 Tage.) Aber das gilt eigentlich für jede Kur. Der Körper braucht einfach Zeit für die Umstellung, und der Kureffekt hält länger an, als wenn wir uns sofort wieder dem Streß aussetzen. Sinnvoll ist es auch, die Nachkur-Zeit zu nutzen, um die Anregungen, die man über Ernährung und Verhaltensweisen bekommen hat, schrittweise umzusetzen, bis sie sich gefestigt haben. Wie gesagt, alles geht ganz natürlich und leicht. Hier einige Empfehlungen, die ich erhalten habe und an Sie weitergeben möchte:

1. Früh aufstehen (das tut mir gut, weil ich ein Kapha-Typ bin). Wenn ich lange schlafe, vermehrt sich mein Kapha) d.h. ich fühle mich schwer und dumpf, bis hin zu lustlos
2. Morgens etwas Sesamöl in jedes Nasenloch (das schützt vor Erkältungen und hilft bei Heuschnupfen) - ehrlich gesagt, das tue ich nur ab und zu -
3. Ein Glas zimmerwarmes Wasser trinken (regt die Verdauung an)

4. Zur Toilette gehen (das sollten wir immer morgens)
5. Zähne putzen (ist auch ganz normal), vielleicht noch die Zunge mit einem Löffel abschaben (weil dort Ablagerungen sind)
6. Ölmassage (vor dem Duschen nur mit Öl, z.B. gewärmtes Sesamöl, einreiben, ein bis zweimal wöchentlich)
7. Yoga-Übungen machen (das sind die leichten Körperübungen, die Sie in diesem Buch finden. Ich mache das ca. fünf Minuten.)
8. Duschen (ist auch ganz normal)
9. TM (Transzendentale Meditation, ca. fünfzehn bis zwanzig Minuten). Dann ein leichtes oder gar kein Frühstück, da ich morgens ohnehin keinen Hunger habe. Ist das zuviel? Alles in allem inklusive Frühstück 50 Minuten. Das ist mir meine Gesundheit wert.

Kapitel 7

Maharishi Ayur-Veda und die westliche Medizin

Gesundheit bedeutet im Ayur-Veda das Gleichgewicht aller körperlichen und geistigen Funktionen. Nach der Definition der WHO (Weltgesundheitsorganisation) ist "Gesundheit der Zustand vollkommenen körperlichen, geistigen und sozialen Wohlbefindens". Im Vergleich dazu noch einmal die wesentlich erweiterte, inhaltlich aber gleiche Aussage des Ayur-Veda: "Ein Mensch ist gesund, dessen Physiologie, Stoffwechsel, Verdauung, Gewebe und Ausscheidungen im Gleichgewicht sind und dessen Seele, Sinne und Geist sich im Zustand dauerhaften inneren Glücks befinden." (Susrutha Samhita). Ein guter Gesundheitszustand ist eine wesentliche Voraussetzung sozialer, wirtschaftlicher und persönlicher Entwicklung und eine wichtige Dimension von Lebensqualität. (WHO, Ottawa-Charta, 21. November 86). Der Schwerpunkt des Ayur-Veda liegt, wie bereits berichtet, auf der Vorbeugung von Krankheiten sowie der Wiederherstellung und Aufrechterhaltung eines Zustandes vollkommener Gesundheit in allen Bereichen des menschlichen Lebens. Ist das ein zu hoher Anspruch? Wir wollen uns an dieser Stelle das therapeutische Spektrum des Ayur-Veda anschauen, um einen Eindruck von der Vielfalt und Einmaligkeit zu bekommen. Wer sich weiter mit diesem Thema beschäftigen möchte, dem empfehle ich das Buch von Dr. Chopra "Gesundsein aus eigener Kraft", ein phantastisches Buch über eine neue Denkweise von Krankheit und Gesundheit. Ohne Zweifel hat unsere moderne Medizin beachtliche Fortschritte gemacht, aber sie ist heute weitgehend eine Apparatemedizin. Jeder Patient hat bereits die Erfahrung gemacht, daß Pillen häufig das Arzt-Patienten-Gespräch ersetzen. Der Ayur-Veda-Arzt aber hat direkten Kontakt mit seinem Patienten. Bereits allgemeine Klagen wie Müdigkeit, Schlaflosigkeit, Muskelschmerzen werden bei der ersten Diagnose beachtet und als Zeichen für eine eventuell später eintretende Krankheit berücksichtigt. Der Maharishi Ayur-Veda ist im Vergleich zu anderen Heilsystemen zwar einzigartig, aber es gibt auch viele Berührungspunkte zur westlichen Medizin. So ist ziemlich sicher, daß die hippokratische Tradition, auf die alle Ärzte am Ende ihres Studiums schwören, ihren Ursprung im Ayur-Veda hat. Entsprechend unserer klassischen Medizin gliedert sich auch der Ayur-Veda in die Disziplinen Chirugie, Gynäkologie und Geburtshilfe, Toxikologie und Psychosomatik. Darüber hinaus kennt der Ayur-Veda eine "Verjüngungstherapie" und eine "Reinigungstherapie", die in der westlichen Medizin wenig erforscht oder nicht bekannt sind. Reinigungstherapien (Pancha Karma) wird in den Ayur-Veda-Kliniken bereits seit Jahren durchgeführt. Bei den Heilmitteln gibt es zwar Parallelen, aber auch Unterschiede. Die moderne Medizin isoliert die Bestandteile der Wirkstoffe, während der Ayur-Veda möglichst die ausgewogenen und abgestimmten Kräuterzubereitungen anbietet, z.B. Süßholzwurzeln, eine im Ayur-Veda sehr geschätzte Heilpflanze. Sie wird in der modernen Medizin als harntreibendes Mittel eingesetzt. Oder ein bekannteres Beispiel: Aspirin (Acetylsalicylsäure) wird aus Weidenrinde gewonnen. Wußten Sie das? Bei all diesen Berührungspunkten gibt es einen klaren Unterschied: Die ausgewogenen Rezepturen der Kräuter- und Mineralstoffzubereitungen im Ayur-Veda haben keine Nebenwirkungen im Gegensatz zu vielen westlichen Arzneimitteln. In allen westlichen wie auch den östlichen Ländern der Erde sind in den letzten Jahren Maharishi Ayur-Veda-Gesundheitszentren entstanden, die die klassische Methode des Pancha-Karma durchführen. Pancha-Karma bedeutet soviel wie die fünf Säulen der Ayur-Veda-Reinigungstherapie. Bei gesunden Menschen wirkt Pancha-Karma als Vorbeugung:

- Vorbeugung von Krankheiten
- Stärkung der Gesundheit und Immunlage (Abwehr gegen Krankheitserreger)
- Vermehrung von Vitalität und Leistungsfähigkeit, sowie von Lebensfreude und geistiger Klarheit
- inneres Wohlbefinden und Glück
- Verjüngung der gesamten Physiologie (Körperfunktionen). Außerdem hilft Pancha-Karma bei einer Reihe genau definierter Krankheiten, dazu zählen:

Alle Arten von Rheumaerkrankungen, Erkrankungen des Nervensystems, Störung der Verdauungsbereichs, des Stoffwechsels, psychosomatische Erkrankungen (Körper-Geist), Alter, auch Migräne, Herz-Kreislauferkrankungen, Hautkrankheiten und Allergien; ferner Asthma, chronische Bronchitis und jede Form von Erschöpfung, Unruhe u.v.m.

Behandlung von Krankheiten im Ayur-Veda

Die Schulmedizin hat besonders bei akuten Erkrankungen und bei lebensbedrohlichen Infektionskrankheiten im letzten Jahrhundert riesige Fortschritte erreicht. Es gibt aber auch Krankheiten wie z.B. Rheuma, Asthma, Migräne und funktionelle Magen-, Darmstörungen, denen sie machtlos gegenübersteht. Das gleiche gilt für eine banale Virusinfektion. Warum werden einige Menschen krank, wenn andere, die dem gleichen Bazillus ausgesetzt sind, nicht erkranken? Krankheiten entstehen z.B. durch falsche Lebensgewohnheiten, zuviel Streß, negative Gedanken, falsche Ernährung. Also immer dann, wenn der Mensch den Kontakt zu sich verloren hat und nicht bewußt lebt. Akute Krankheiten kann jeder Mensch durch seine Selbstheilungskräfte überwinden. Bei einer normalen Grippe reicht dazu ein bißchen Ruhe, denn sie beruhigt Vata. Wärme, ein Schwitzbad oder eine Wärmflasche regen Pitta an, so daß die Krankheitsstoffe im Körper verbrannt werden. Eine leichte Kost ist unterstützend, da während einer Krankheit die Verdauungskraft geschwächt ist und der Körper die überflüssigen Schlacken loswerden will. Zitronensaft mit Wasser und Honig oder Wasser mit einer Prise Ingwer entschlacken den Körper. Auf diese Weise wird überflüssiges Kapha reduziert. Die Natur hilft sich selbst. Unser Körper ist von Natur aus so intelligent, daß er weiß, was er braucht, um gesund zu werden. Bei schweren, chronischen Krankheiten ist das ebenso. Hier ist allerdings ein Besuch beim Arzt ratsam. Bei sehr kranken Menschen stellt der Ayur-Veda-Arzt einen individuellen Diätplan zusammen. Er wählt die Nahrung so aus, daß sie die Doshas des Patienten wieder ausgleicht. Mit speziellen Kräuter- und Mineralienpräparaten wird die körpereigene Abwehr verbessert. Häufig empfiehlt der Arzt auch Präparate, die die Verdauung anregen und somit entschlacken. Immer ist dabei die Mitarbeit des Patienten erforderlich. Je kränker er ist, desto wichtiger ist es, daß er alles tut, um im Einklang mit der Natur zu sein. D.h. früh schlafengehen, einen regelmäßigen Tagesrhythmus anstreben, leicht und bewußt essen. Eine Pancha-Karma-Behandlung kann den Heilungsprozeß beschleunigen. Weitere, auf

sein spezielles Krankheitsbild zugeschnittene Therapieformen unterstützen die Genesung z.B. spezielle Yoga-Stellungen, Atemübungen.
In Holland wurde eine Studie mit chronisch Kranken erstellt, die mit Maharishi Ayur-Veda behandelt worden waren. Im Laufe weniger Monate besserten sich Migräne, Kopfschmerzen, Schlafstörungen, Asthma und Nasennebenhöhlen-Beschwerden deutlich. Sogar Rheuma, Diabetes und Bluthochdruck ließen sich nach jahrelanger Krankheit positiv beeinflussen. Z.Zt. gibt es in Deutschland etwa achtzig Ayur-Veda-Ärzte und zwei Kliniken oder Gesundheitszentren.

Das ayur-vedische Mutter-Kind-Programm

Zu Beginn einer Schwangerschaft empfiehlt der Ayur-Veda verschiedene Kräuterpräparate ohne Nebenwirkungen gegen Übelkeit und Müdigkeit.
Spezielle Rasayanas (Nahrungsmittelergänzungen) unterstützen Mutter und Kind. Sofort nach der Geburt erhält das Baby seine erste Ölmassage. In vielen Geburtshäusern, wie z.B. in Schledehausen, erblicken Kinder so auf ganz sanfte Art das Licht der Welt. Die Baby-Ölmassagen haben erstaunliche Wirkungen. Mütter berichten übereinstimmend, daß ihre Kinder wesentlich ruhiger seien und nachts tiefer schlafen würden. Das Schönste für sie sei die intensive Liebe, die sich durch die Massagen des Kindes entwickele. Da sich bei der Frau durch die Schwangerschaft, Geburt und Stillperiode besonders viel Vata angesammelt hat, rät der Ayur-Veda, dies durch sanfte Ölmassagen und Nahrungsergänzungen auszugleichen. Im Zentrum in Schledehausen wird das ayur-vedische Mutter-Kind-Programm für Frauen und ihre Säuglinge durchgeführt.
Dazu einige Meinungen von Müttern, die an diesem "Mutter-Kind-Programm" teilgenommen haben:

"Am Anfang der Schwangerschaft war mir übel und ich war ständig müde und schwach. Mit Einnahme der Ayur-Veda-Präparate verringerte sich in einer Woche diese Schwäche. Ich fühlte mich wieder fit und konnte meinen Job voll weitermachen."
(Mutter, 37 Jahre)

"Ich hatte nach der Geburt das Gefühl, als ob die Liebe und Aufmerksamkeit meiner Masseurin mir neue Kräfte gibt. Danach fühlte ich mich wesentlich stärker als vorher."
(Mutter, 24 Jahre)

"Ich war durch das "Mutter-Kind-Programm" wesentlich gelassener und konnte besser schlafen. Ich hätte nie gedacht, daß die Zeit des Wochenbettes mit allen Belastungen zu Hause so leicht sein könnte."
(Mutter, 26 Jahre)

"Mein Sohn war die ersten Tage nach der Geburt etwas unruhig. Nach zwei Wochen begann ich mit dem Mutter-Kind-Programm. Es hat mir sehr gutgetan. Was mich überrascht hat, war die Wirkung der ayur-vedischen Kräuter. Der Vata-beruhigende Tee, beruhigte nicht nur mich, sondern auch mein Baby, das ich stillte.
(Mutter, 29 Jahre)

Kapitel

Die Kraft aus der Stille

Der Weg zu mehr Erfüllung und weniger Streß

Mit dem wachsenden Interesse an bewußter Lebensführung und Esoterik tauchte in den 70er Jahren immer häufiger das Wort Meditation auf. Vor allem Menschen, die unter Streß litten, suchten nach einer Möglichkeit der Entspannung. Das Angebot reichte von Zen-Meditation bis hin zur Meditationsstunde der Kirchen. Mit dem Begriff waren auch viele Mißverständnisse verbunden. Ist Meditation ein Modetrend oder ein ernstzunehmender Wunsch des Menschen nach mehr Stille, Ausgeglichenheit und Wohlbefinden? Meditation ist so alt wie die Menschheit. Es gibt verschiedene Arten der Meditation.

Viele Menschen verbinden mit dem Begriff Disziplin, Vorschriften und Anstrengung. Meditation wird häufig mit dem Bild vom entsagenden, zurückgezogen lebenden Mönch assoziiert. So ähnlich vage waren auch meine Vorstellungen, als ich, um meine berufliche Überbelastung abzubauen, verschiedene Meditationsarten ausprobierte. Mein Weg führte mich von den Bhagwan-Meditationen der 70-er Jahre, wie z.B. "Dynamische Meditation" oder "Kundalini", hin zu sanfteren Formen, wie Körper- und Chakrenmeditation. Einige waren anstrengend und schweißtreibend, so daß ich sie bald aufgab; die sanfteren Formen brachten zwar Entspannung und ein gutes Körpergefühl, aber die Stimme des Sprechers auf der Kassette lenkte mich ab. Ich suchte weiter. Im Beruf hatte die Anspannung noch zugenommen. Ich arbeitete in einer großen Agentur für Public Relations (Öffentlichkeitsarbeit). Abends konnte ich schwer einschlafen. Meine Gedanken kreisten um Themen des vergangenen Tages. Der Griff zum Gläschen Wein war schon zur lieben Gewohnheit geworden, quasi zum Um- und Abschalten. Da das Esoterikangebot am Markt einen wahren Boom erlebte, kaufte ich immer neue Meditationsmusik, die ich eine Weile voller Begeisterung hörte und dann vergaß. Die TM (Transzendentale Meditation) entdeckte ich bei meinem ersten Besuch im Ayur-Veda-Gesundheitszentrum in Schledehausen (Osnabrück). Ich machte dort eine Reinigungskur (Pancha-Karma) und lernte ein älteres Ehepaar aus Luxemburg kennen, das mir durch seine Ruhe, Gelassenheit und Jugendlichkeit auffiel. Und durch die liebevolle Art, wie sie miteinander umgingen. Nach einigen gemeinsamen Spaziergängen wußte ich bald mehr über TM und mir war klar: Das ist es. TM, Transzendentale Meditation, ist vollkommen und anstrengungslos. Transzendental ist von transcendere (= überschreiten) abgeleitet. Das Wunderbare an TM ist, daß es eine Entspannungstechnik für jeden ist, unabhängig von Alter und Bildung. Gelernt habe ich TM im Maharishi Ayur-Veda-Zentrum von einem erfahrenen TM-Lehrer. Alle TM-Lehrer erhalten ihr Wissen von Mahrishi Mahesh Yogi. Es gibt heute etwa 1000 TM-Lehrer in Deutschland. Der Ablauf des Lernprogrammes ist systematisch, so daß eine optimale Wirkung bei jedem sichergestellt ist. Nach Grundgespräch über die Wirkungen, die Art und Herkunft der Mediationen, folgte ein mehrtägiger Unterricht. Bereits nach einer Übungsstunde war ich in der Lage, die Technik selbständig auszuüben. Das Gefühl etwas Kostbares erhalten zu haben, machte mich sehr glücklich. Seitdem meditiere ich täglich 20 Minuten morgens und abends. Im Sitzen ganz bequem. Ich schließe die Augen und beginne langsam mein Mantra zu denken. Mantra - das ist ein Klangwort, das ich vom TM-Lehrer erhalten hatte. Jeder Meditierende hat sein eigenes Mantra, ein natürliches Hilfsmittel, das den Geist auf natürliche Weise in eine tiefe Entspannung führt. Im Gegensatz zum Schlaf ist der Geist ganz wach, aber gleichzeitig ruhig. Ich spüre, wie nach und nach Körper und Geist ruhiger werden. Nach einiger Zeit der Meditation hatte ich mich so sehr an die Entspannung gewöhnt, daß mir etwas fehlte, wenn ich auf Reisen einmal keine Zeit zum Meditieren hatte.Ich meditiere seit drei Jahren und meine Gesundheit hat sich seitdem verbessert. Meine Erfahrungen und die aller anderen Meditierenden sind aber nicht nur subjektiv, sondern auch wissenschaftlich belegbar. Seit den 70-er Jahren ist Meditation ein Gegenstand der Wissenschaft. Es gibt darüber inzwischen über tausend wissenschaftliche Arbeiten. Am besten untersucht ist die TM mit über vierhundert Arbeiten.Eine Studie, die mich sehr beeindruckt hat, möchte ich hier kurz nennen. Sie wurde von einer amerikanischen Krankenkasse mit zweitausend meditierenden Mitgliedern durchgeführt. Die Statistik der Krankenkasse ergab, daß diese Gruppe 50% weniger Kosten für Krankheit verursachte als der Durchschnitt der Bevölkerung. Der Prozentsatz der Kostenersparnis erhöhte sich sogar noch auf 70-80% je älter die Mitglieder waren, bzw. je länger sie TM ausübten. In Europa erreichten TM-Ausübende bei einer holländischen Krankenkasse eine Beitragssenkung um 30%. Die Untersuchungen haben u.a. ergeben: Menschen, die länger meditieren, leben streßfreier, zufriedener und ernähren sich automatisch gesünder, Süchte nach Alkohol und Nikotin regulieren sich von selbst. Die Erfahrung, durch das Meditieren mehr im Einklang mit mir selbst zu sein, habe ich auch gemacht. Beruflich bin ich weitergekommen, ohne mich zu sehr anzustrengen. Meine Autoritätsprobleme mit Vorgesetzten haben sich von selbst gelöst. Meine Beziehungen insgesamt sind harmonischer geworden. Es herrschen allgemein mehr Ruhe und Zufriedenheit in meinem Leben.Die wichtigsten Erfahrungen für mich waren die lange Krankheit und der Tod meiner Mutter. Ich konnte sie während ihrer Leidenszeit begleiten, ohne daß ich zu sehr mitlitt. Ihre Worte : "Du bist so stark, so ruhig. Gib mir von deiner Kraft", werde ich nie vergessen. Ich wußte bis zu dieser Zeit nicht, daß ich so viel Kraft und Ruhe in mir hatte. Ich war voller Vertrauen und bin nicht verzweifelt. Die "Kraft aus der Stille" hat mir geholfen. Ich weiß heute, daß ich mich auf diese Kraft verlassen kann. Meine anfängliche Angst, die bei vielen Menschen vorhanden ist, Meditation ist für Sonderlinge, Einsiedler, hat sich als völlige Fehleinschätzung erwiesen. Ich habe erfahren, daß Ruhe und Aktivität keine Gegensätze sind, sondern daß gerade aus der Stille schöpferische Dynamik wächst. Maharishi benutzt dafür das Bild vom Pfeil und Bogen. Der vollkommen auf dem Bogen zurückgezogene Pfeil ist absolut ruhig und besitzt gleichzeitig volle Energie, um ins Ziel zu schießen. Je mehr ich den Pfeil zurückziehe, um so mehr Kraft hat er. Alles passiert ganz natürlich. Wenn wir die Natur lassen, unterstützt sie uns. Wichtig dabei ist, daß das Leben von innen angetrieben wird und nicht nur von außen. Wer sich unverbindlich informieren möchte, kann an einem Info-Abend in einem der TM-Zentren teilnehmen. .... Die Meditation lernt man spontan im Einklang mit der Natur zu leben.

Kapitel 9

Einfache Yoga-Übungen für mehr Lebensfreude, Vitalität und Gesundheit

Viele mühevolle Wege führen zu Fitness und Gesundheit. Viele sind mit Anstrengung, Schwitzen, Frust und manchmal mit gesundheitlichen Schäden verbunden - wegen Übertreibung oder Fehlern. Vergessen Sie all das und fangen Sie neu an. Bei sich, bei Ihrem Körper. Alles, was Sie brauchen, sind Sie, ein ruhiger Raum, bequeme Kleidung, und eine Decke am Boden. Hier einige leichte, aber sehr effektive Yoga-Übungen. Yoga heißt übrigens Einheit und umfaßt geistige und körperliche Techniken. Wenn die meisten Menschen von Yoga sprechen, meinen sie diese Körperübungen. Die folgenden Übungen gleichen das Nervensystem aus, beleben alle Systeme des Körpers und halten ihn geschmeidig und gesund. Auch Krankheiten werden positiv beeinflußt, auf natürliche Weise und ohne Anstrengung. Nach einiger Zeit der Übung werden Sie feststellen, sie fallen Ihnen immer leichter. Sie fühlen sich frischer und ausgeglichener. Die Energie wächst, wenn Sie regelmäßig üben. Am Anfang brauchen Sie dazu etwas mehr Zeit. Nach und nach werden die Übungen etwas fließender und Sie kommen mit 10 Minuten morgens und abends aus.

Auffrischen des Körpers

Handfläche und Finger pressen den Körper, und zwar abwechselnd pressen und lockern, wobei die Handfläche nie den Körperkontakt verliert. Setzen Sie sich bequem auf den Boden. Beginnen Sie am Kopf, am Scheitel mit den Handflächen und Fingern beider Hände stufenweise zu pressen und wieder zu lockern. Dann gehen die Hände langsam über das Gesicht, den Hals hinunter bis zur Brust. Beginnen Sie wieder am Kopf und gehen Sie mit den Händen über den Nacken hinunter und dann nach vorn zur

Brust. Fassen Sie die Finger der linken Hand mit der rechten Hand, wobei die rechte Handfläche nach unten zeigt. Drücken und lockern Sie stufenweise den Arm aufwärts bis über die Schulter und zur Brust. Fassen Sie nun die Finger der linken Hand mit der rechten Hand, wobei aber nun die rechte Handfläche nach oben zeigt.Wiederholen Sie den gleichen Vorgang mit der rechten Hand.
Pressen Sie nun den Leib und lockern Sie die Hände. Die Hände wandern vom Becken aufwärts zum Herzen.Jetzt die Beine. Fassen Sie die Zehenspitzen des linken Fußes mit der linken Hand. Dann wieder pressen und lockern. Über die Wade, Oberschenkel bis zur Taille. Das gleiche geschieht mit dem rechten Bein.

Seitenrollen, Auffrischen

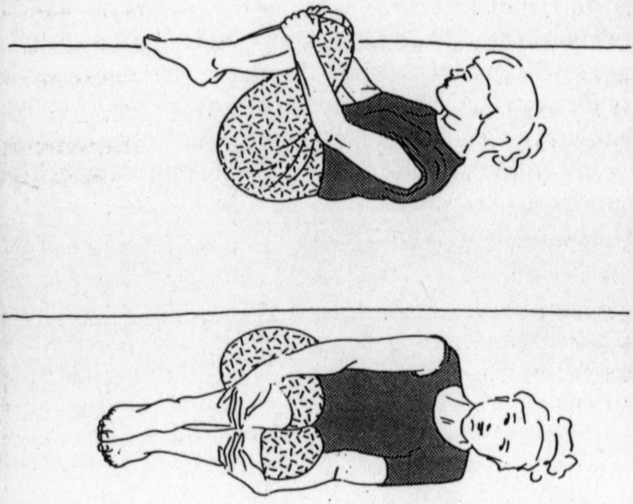

Legen Sie sich mit dem Rücken flach auf den Boden, ziehen Sie die Beine an und fassen Sie beide Knie mit den Händen. Heben Sie ein wenig den Kopf. Rollen Sie sich auf die linke Seite, bis Ihr Handgelenk den Boden berührt. Rollen Sie ganz nach rechts, indem Sie sich mit dem linken Ellenbogen abstoßen und den Kopf leicht nach rechts drehen. Sieben mal rechts, dann sieben mal links. Das macht Spaß, und tut gut und entspannt die Wirbelsäule.

Das Gesäß kräftigen

Wie geht das? Knien Sie sich hin und setzen Sie sich auf die Fußflächen. Die Fersen zeigen nach außen, die großen Zehen sind leicht übereinandergelegt. Legen Sie die Hände in den Schoß, die rechte Hand liegt in der linken. Die Handflächen zeigen nach oben. Halten Sie den Kopf, Nacken, das Rückgrat möglichst in einer geraden Linie. Verharren Sie so ungefähr 8 Sekunden. Bewegen Sie sich nun langsam mit geradem Rücken in die aufrechte Kniestellung. Diese Übung können Sie dreimal wiederholen.
Was bewirkt sie? Diese Übung stärkt das Becken, löst Verkrampfungen an den Knien und Knöcheln und kräftigt den

Rücken. Aus der sitzenden Stellung Arme über den Kopf ausstrecken, langsam nach vorne beugen, so daß Stirn und Hände gleichzeitig den Boden erreichen.

Beugestellung

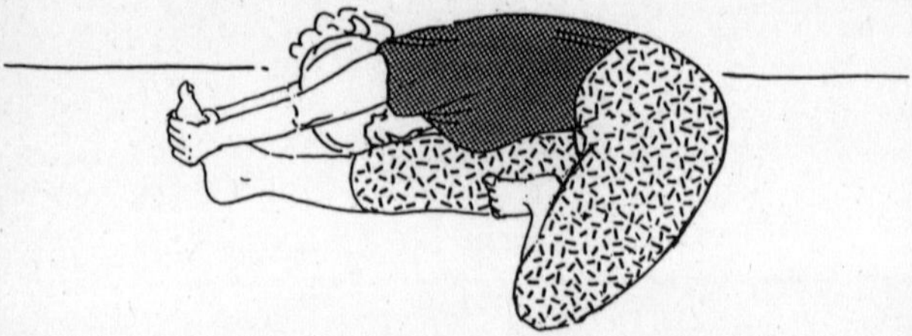

Wie das geht? Setzen sie sich auf den Boden. Männer strecken das rechte, Frauen das linke Bein aus. Biegen Sie das andere Bein soweit nach innen, daß die Ferse möglichst den Damm berührt. Beugen sie sich vor und fassen sie mit beiden Händen die Mitte des gestreckten Fußes oder den Unterschenkel.

Ziehen Sie den Unterleib ein und versuchen Sie mit der Stirn das Knie zu erreichen. Nach 5 bis 15 Sekunden gehen

sie in die Ausgangsstellung zurück. Wiederholen Sie diese Übung mit dem anderen Bein. Entspannen Sie sich.
Was bewirkt das? Diese Übung stärkt und entspannt zugleich Rückgrat und die Unterleibsorgane.

Kobrastellung

Wie geht das? Legen Sie sich auf den Bauch. Die Handflächen liegen neben den Schultern, so daß Sie Ihren Rücken bis zur Taille anheben können. Legen Sie die Stirn auf den Boden, heben Sie langsam Kopf und Brust an. Bleiben Sie ca. sieben Sekunden in dieser Stellung. Die Hände sind dabei locker, ohne starken Druck. Gehen Sie in die Ausgangsstellung zurück, legen Sie die rechte oder linke Wange auf den Boden und entspannen Sie. Die Übung 1 - 3 mal wiederholen.Was bringt sie? Die Rückenmuskulatur wird gekräftigt und zugleich entspannt. Störungen der Unterleibsorgane werden gebessert.

Hand und Fußstellung

Wie geht das? Stellen Sie sich hin, die Füße eng nebeneinander, die Beine sind gestreckt, beugen Sie sich langsam vor. Im Endstadium können Sie mit den Handflächen den Boden berühren. Bitte ohne Anstrengung. Wenn Sie die Zehen nicht erreichen, macht nichts, umfassen Sie die Fesseln oder die Füße. Die Arme sind gestreckt, die Stirn geht in Richtung Knie und berührt diese, soweit dies bei Ihnen möglich ist. Ziehen Sie den Unterleib ein, 8 Sekunden anhalten. 1 - 3 mal wiederholen.
Was bringt die Übung? Sehr viel. Sie verbessert die Funktion des Unterleibs, der Wirbelsäule, der Verdauung. Der Oberkörper wird besser durchblutet.

Dies waren einige einfache Übungen für jeden Tag für jeden von uns. Fangen Sie langsam und ohne Anstrengung an und erleben Sie, wie es von Tag zu Tag leichter geht. Viel Freude dabei. Ich rate Ihnen, wenn Sie noch weitere Übungen machen wollen, einen erfahrenen Yoga-Lehrer aufzusuchen.

Kapitel 10

Ayur-Veda im Alltag
Praktische Erfahrungen

In diesem praktischen Teil des Buches wurden die Erfahrungen der Ärzte der Maharishi Ayur-Veda-Zentren in Deutschland für Sie gesammelt. Zahlreiche Vorträge, angefangen bei den Doshas bis zu Ernährungs- und Verhaltensempfehlungen für den Alltag, haben bereits vielen Menschen geholfen, das erstaunliche Wissen des Ayur-Veda im täglichen Leben umzusetzen. Die Patienten der Gesundheits-Zentren meist Menschen, die vorbeugend etwas für ihre Gesundheit tun wollen, haben mit ihren Fragen dazu beigetragen, daß dieses wertvolle Wissensgut jedem zugänglich ist.

Ungeduld, eine typische Eigenschaft vieler Menschen. Was kann man dagegen tun?

Ungeduld ist eine typische Pitta-Eigenschaft. Ungeduld und Ärger vermehren Pitta. Der Pitta-Typ hat auch zuviel Hitze. Der Körper reagiert mit Sodbrennen, evtl. auch mit Pickeln.Pitta muß also reduziert werden.Pitta wird durch Wärme z.B. Sonne angeregt, aber auch durch hitzige Situationen und Diskussionen. Also für Kühlung und Ruhe sorgen! Saure Speisen meiden. Ebenso Unruhe, Überbelastung, denn der Pitta-Typ ist leicht geneigt, sein Gleichgewicht zu verlieren. Übrigens: Durch positives Denken läßt sich bei heiklen Situationen eine geistige Distanz aufbauen.

Bei zu viel Kapha, was kann man tun?

Alles meiden, was Schleim aufbaut, also kaltes, schweres Essen, Milchprodukte und Süßes. Kapha wird vermehrt durch langes Schlafen, spätes Aufstehen und reichlich Frühstücken. Also besser: Frühaufstehen und mal das Frühstück ausfallen lassen, um Kapha zu reduzieren. Was bei Kapha-Überschuß noch empfohlen wird, ist Sport. Oder, wer dazu keine Lust hat, kann auch einfache Körperübungen machen. (siehe Yogateil, S. 93)

Gleichgewicht der Doshas, was bedeutet das?

Gemeint ist ein stabiles, ruhiges Gleichgewicht und nicht eins, das auf und ab geht. Dazu ein Beispiel:"Stellen Sie sich einen Menschen vor, der raucht, trinkt, Fleisch und Bratkartoffeln ißt. Kennen Sie so einen Menschen? Bestimmt. Er ist auch im Gleichgewicht und gleicht einen Fehler mit einem anderen aus."Steak und Bratkartoffeln bringen Kapha in die Höhe. Ein Schnaps danach regt Pitta an und der Kaffee als Abschluß bringt Vata in die Höhe. Das ist ein sehr angeregtes Gleichgewicht, aber ein anderes, bei dem sowohl die Leber als auch das Nervensystem belastet werden. Gesund leben im Ayur-Veda heißt, die Doshas ruhig halten und intuitiv ein stabiles Gleichgewicht schaffen.

Ayur-Veda und die Doshas., was ist das Ziel dabei?

Das Ziel des Ayur-Vedas ist, die Doshas, wie bereits gesagt, auf eine ruhige stabile Ebene zu bringen. Sind Ungleichgewichte da, so können diese mit Pancha-Karma (Reinigungskur) ins Gleichgewicht gebracht werden. Der Mensch fühlt sich wohler danach, er hat mehr Lebensfreude und ist glücklich.

Was sagt der Ayur-Veda zu den Genußmitteln? Muß man darauf verzichten?

Der übermäßige Genuß z.B. von Kaffee, Tee, Alkohol erübrigt sich, wenn der Körper mehr und mehr ins Gleichgewicht kommt. Versuchen Sie, einige Wochen mit dem Ayur-Veda zu leben und Sie stellen fest, Sie fühlen sich wohl und bleiben dabei.

Was kann man gezielt tun bei zuviel Arbeit und Streß?

Erinnern Sie sich, wie angenehm es ohne Streß war, an das Glücksgefühl und Gleichgewicht, und Sie kehren gerne dahin zurück. Das Wunderbare ist, der Ayur-Veda geht über das Bewußtsein und gleicht Körper und Geist aus. Für ihn gibt es nur einen Körper-Geist-Zustand. Also, wenn Sie geistig einen Ausgleich schaffen, z.B. durch Meditation, angenehme Musik, Lektüre, profitiert auch Ihr Körper davon. Auf diese Weise treten wir mit unserer inneren Quelle in Verbindung und mit unserem inneren Selbst.

Was hält Vata im Gleichgewicht?

Das Wichtigste, gleiche Eigenschaften vermehren gleiche Eigenschaften, gilt für alle Doshas. Vata, z.B. ist kalt. Also, alle kalten Eigenschaften vermehren Vata. Vata ist auch beweglich, schnell, d.h. schnelles Denken, Reisen, Sport vermehren Vata. Das Wunderbare am Ayur-Veda ist, daß sich solche Eigenschaften auch auf die Ernährung übertragen lassen, also zu viel kaltes Essen oder zu wenig essen bringt Vata-Störungen. Auch bittere, scharfe und herbe Nahrung regt Vata an. Unregelmäßiger Lebensstil vermehrt Vata, aber auch kaltes, trockenes oder heißes Klima erhöht Vata. Der frühe Winter ist die Vata-Zeit, also tritt auch hier eine Zunahme von Vata ein.

Warum kommt bei dem Menschen meist Vata aus dem Gleichgewicht?

Die Erfahrungen des Maharishi Ayur-Veda besagen, daß 60% der Störungen Vata-Störungen sind, 25-30% Pitta und nur 10-15% Kapha-Störungen. Die Ursache für die häufig anzutreffenden Vata-Störungen ist körperliche und geistige Überforderung, mit einem Wort: Streß. Eine Vata-Störung kann z.B. so ablaufen: Wir beginnen zu frieren, wir werden hektisch, nervös, unkonzentriert. Dies kann bis zur Erschöpfung und zum Nervenzusammenbruch gehen. Was kann getan werden? Die erste Empfehlung lautet, sich dem Streß entziehen, und zwar am Anfang, bei den ersten Anzeichen, dann ist es leichter, als wenn schon ernsthaftere Störungen vorliegen. Also früh ins Bett gehen, tüchtig ausschlafen, meditieren. Am Tage möglichst kleine Pausen (1-2 Minuten) einlegen. Der Körper zeigt, wenn er Ruhe braucht. Wir müssen nur wieder lernen, seine Signale zu verstehen. Da Vata kalt ist, hilft Wärme. Also ein warmes Bad am Abend und dann gemütlich einkuscheln mit der Lieblingslektüre. Am nächsten Tag fühlt man sich bestimmt wohler. Übrigens hilft nicht nur Wärme von außen, sondern auch von innen durch ein warmes Getränk, z.B. heiße Milch.

Pancha-Karma (Reinigungskur) was ist das? Wo kann man sie machen?

Die Pancha-Karma (Reinigungskur) wird in den Maharishi Ayur-Veda-Zentren in Deutschland durchgeführt. Zu empfehlen ist mindestens eine 14-tägige Kur, bei der die Doshas ins Gleichgewicht gebracht werden. Die Kur wird meistens vorbeugend, aber auch bei chronischen Krankheiten zur Revitalisierung und Verjüngung des Körpers und des Geistes durchgeführt. Sie sollte mindestens einmal im Jahr gemacht werden.

Was sind Rasayanas und wie werden sie eingesetzt?

Das sind ayur-vedische Mittel aus Kräutern, Mineralien und Früchten, die dem Körper helfen, die Nahrung optimal für sich zu nutzen, d.h. bis in die feinsten Gewebezellen zu transportieren. Wenn wir daran denken, wieviel Kraft unser Körper heute braucht, um schädliche Umwelteinflüsse und Stoffe abzuwehren, so sind diese Rasayanas eine sehr wertvolle Hilfe der Natur, um unsere Abwehrlage zu verbessern.

Empfehlungen von Dr. Chopra, Vorsitzender der amerikanischen Vereinigung der Ayur-Veda-Ärzte:

Verbesserung der Sehfähigkeit

Die Übung sollte ohne Brille und Kontaktlinsen ausgeführt werden. Wie lange und wie oft, bleibt jedem selber überlassen.

1. Mit geschlossenen Augen in die Sonne schauen, mindestens 10 Sekunden lang, so daß die Sonnenstrahlen durch die Lider den Augenhintergrund erreichen und die Sehzäpfchen anregen, denn Licht ist Nahrung für die Augen.

2. Farben betrachten. Die Fingerspitzen massieren die geschlossenen Augen in Uhrzeigerrichtung ca. 10 Minuten. Dann die Finger wegnehmen und eine Weile geschlossen halten. Das tut den Augenzellen gut.

3. Tanz mit den Augen: Nehmen Sie sich eine Zeichnung z.B. ihrer Katze oder eine Graphik Ihres Hauses, hängen Sie diese in Augenhöhe auf und verfolgen Sie mit den Augen die Linien der Zeichnung. Die Augen langsam hin- und herbewegen, ohne den Kopf zu bewegen. 10 - 15 Sekunden lang. Das trainiert die Augen.

4. Weit entferntes Lesen: Im Alter brauchen viele Menschen eine Brille, weil die Flexibilität der Augenlinsen nachläßt. Die folgenden drei Übungen trainieren die Anpassungsfähigkeit Ihrer Linsen. Hängen Sie sich eine Zeitung an die Wand, setzen Sie sich auf einen bequemen Stuhl und beginnen Sie zu lesen. Jeden Tag wird nun die Entfernung vergrößert, indem Sie den Stuhl weiter wegrücken.

5. Lesen aus der Nähe: Lernen Sie, sich mit den Augen zu konzentrieren. Starren Sie eine Zeitlang auf Ihre Nasenspit-

ze. Das verbessert die Konzentration der Augen.
6. Zwinkern Sie mal: Ich glaube, wie das geht, brauche ich nicht zu erklären. Also los. Vielleicht gibt's ein nettes Gegenüber.

Schlaf und Streß

Wir sind Weltmeister im Erzeugen von Streß. Schlaf ist ein gutes Mittel, um Streß abzubauen. Aber er muß richtig dosiert sein. Hier eine Faustregel für die unterschiedlichen Konstitutionstypen: Der Vata-Typ sollte mit 6 Stunden Schlaf zufrieden sein. Der Kapha-Typ kann zwischen 8 und 10 Stunden schlafen. Der Pitta-Typ braucht 8 Stunden Schlaf.Dies sind Empfehlungen. Viele Menschen brauchen häufig mehr Schlaf, da sie ihren Körper - vor allem durch die Ernährung - zu sehr belasten. Bei ausgewogener Lebensweise kann jeder feststellen, daß er weniger Schlaf braucht und sich frischer und gesünder fühlt.

Viele Menschen leiden unter Schlafstörungen

Viele von uns klagen über Schlafstörungen und nehmen Schlafmittel, die einen künstlichen Schlaf hervorrufen, der aber wenig erholsam ist. Der Ayur-Veda kennt Heilkräuter und verschiedene Therapien für Menschen mit starken Schlafstörungen. Normalerweise helfen einfache Tips, denn der Körper muß wieder lernen, tiefe Ruhe anzunehmen. Viele Menschen schlafen vor allem bei Belastungen schlecht. Sie wälzen sich im Bett herum, sind unruhig, grübeln und stehen sogar auf und wandern umher. Schon vor dem Zubettgehen fangen die Empfehlungen des Ayur-Veda an:

- Das Abendessen sollte leicht sein und mindestens drei Stunden vorm Schlafengehen eingenommen werden.

- Vermeiden Sie alles, was Sie zu sehr anregt, z.B. Fernsehen, konfliktreiche Gespräche, aber auch übermäßige körperliche und geistige Tätigkeiten.
- Gönnen Sie sich Ruhe. Lesen Sie, hören Sie Musik z.B. Ghandarva-Veden oder klassische Musik.
- Machen Sie einen Abendspaziergang.
- Trinken Sie heiße Milch mit etwas Ghee, eventuell wenig Zucker, Kardamom und Ingwer direkt vorm Schlafengehen
- Massieren Sie Ihre Füsse etwa fünf Minuten mit Sesamöl ein.
- Gehen Sie früh zu Bett. Ideal ist die Zeit von 21.00 bis 22.00 Uhr.
- Versuchen Sie nicht krampfhaft einzuschlafen. Liegen Sie einfach da und fühlen Sie Ihren Körper. Erwarten Sie nichts. Gönnen Sie Ihrem Körper die Ruhe, und der Schlaf stellt sich von selbst ein.

Der Ayur-Veda und die Jahreszeiten

Die Jahreszeiten haben einen unterschiedlichen Einfluß auf den Menschen. Im Winter verursacht das kalte windige Wetter vor allem eine Vata-Anregung. Da Vata durch schweres, gehaltvolles Essen ausgeglichen wird, bevorzugen wir im Winter spontan solche Nahrungsmittel. Außerdem erfolgt wegen der niedrigen Außentemperatur ein Anstieg unseres Stoffwechsels, damit die Körpertemperatur konstant bleibt. D.h. solange es draußen kühl ist, gleicht der hohe Stoffwechsel (Pitta) das Kapha aus. Mit den ersten Frühlingstagen sinkt jedoch unser Stoffwechsel wieder, und das Kapha überwiegt plötzlich. Durch die Wärme wird es zugleich verflüssigt und ausgeschieden. Die Folge sind die bekannten Frühjahrserkrankungen wie Bronchitis, Erkältungen, Heuschnupfen und Grippe. Auch die Frühjahrsmüdigkeit ist eine Kapha-Störung.

Hier kann jeder vorbeugen, indem er, sobald die Temperaturen wieder steigen, leichtere Mahlzeiten ißt. Ein Tag, an dem nur leichte Suppen gegessen werden, hilft zusätzlich. Das Frühjahr eignet sich ideal zum Entschlacken. Dies empfehlen daher auch die meisten Kulturen - z.B. das Fasten vor Ostern.
Der Ayur-Veda empfiehlt leichte Speisen und heißes Wasser. Die Speisen sollten auf jeden Fall mit frischen Kräutern, Salaten, Gemüsen zubereitet sein, da diese das Kapha reduzieren und den Stoffwechsel anregen.

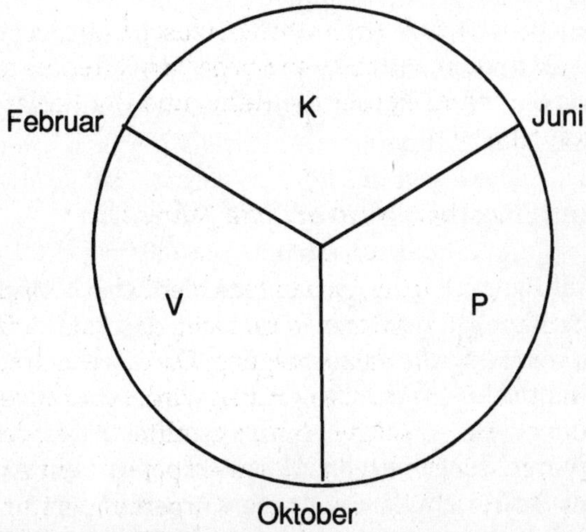

K = Kapha (Wasser / Erde)
P = Pitta (Feuer / Wasser)
V = Vata (Raum / Luft)

Mit kühlem Kopf durch die heiße Jahreszeit

Der Rhythmus der Jahrszeiten hat einen tiefgreifenden Einfluß auf die Doshas.

Das überwiegend warme, leicht feuchte Wetter im Sommer führt zu einer Vermehrung von Pitta (Hitze und Stoffwechselprinzip).

Dagegen regt das heiße trockene Klima südlicher Länder auch Vata (Bewegungsprizip) an.

Da der gesamte Stoffwechsel von Pitta abhängt, könnte man annehmen, er nimmt zu und somit die Verdauungskraft. Da sich aber im Sommer die Außentemperaturen erhöhen, drosselt der Körper als Ausgleich seine innere Wärmeproduktion. Dies führt zu einer Abnahme des Stoffwechsels und der Verdauungskraft. Jeder weiß aus eigener Erfahrung, daß im Sommer der Hunger deutlich nachläßt.

Für die Ernährung in der heißen Jahreszeit heißt das, zu leichteren Speisen zu greifen.

Wer Lust auf Abkühlendes hat, sollte dies nie direkt aus dem Kühlschrank zu sich nehmen. Mit etwas Saurem, Scharfem kann die Verdauungskraft angeregt werden. Aber bitte nicht zu scharf und zu sauer.

Vor allem die süßen bitteren und herben Nahrungsmittel reduzieren Pitta.

Der Sommer bietet eine reiche Auswahl an Blattsalaten und Gemüse. Außerdem süßes Obst und Früchte.

Wer einen kühlen Kopf bewahren will, sollte im Sommer keine ausgedehnten Sonnenbäder nehmen und den Kopf nicht zu lange der direkten Sonne aussetzen.

Wochenend-Ayur-Veda-Programm

Wer etwas Besonderes für sich tun möchte, dem empfehle ich am Wochenende ayur-vedisches Fasten, um die Verdauung einmal zu entlasten und angesammelte Schlacken loszuwerden. Natürlich fühlen Sie sich auch leichter danach. Essen Sie am Freitagabend etwas Leichtes, z.B. eine Gemüsesuppe mit einem Toast. An diesem Tag auf Zwischenmahlzeiten verzichten und alle Stunde heißes Wasser trinken. Früh schlafengehen. Am Samstagmorgen gönnen Sie sich eine Ganzkörper-Öl-Massage. Das Öl - Sesam- oder ayur-vedisches Öl - genüßlich einmassieren und 20 Minuten einziehen lassen. Dann folgt ein warmes Wannenbad. Sie werden sich danach rundum wohl fühlen. Auch an diesem Tag wenig essen. Ein Glas lauwarmes Wasser mit einem Teelöffel frisch gepreßtem Zitronensaft und einem Teelöffel Honig (kaltgeschleudert!) entgiftet den Organismus und verringert Kapha. Jetzt folgen einige Yoga- und Atemübungen und dann, falls Sie meditieren, einige Minuten der Stille. Zum "Frühstück" ein Glas frisch gepreßten Orangensaft mit einem Teelöffel Honig. Mittags essen Sie eine frische Gemüse- oder Reissuppe mit Mungbohnen, stark gewürzt, damit die Verdauungskräfte angeregt werden. Und das heiße Wasser nicht vergessen!

Am Abend folgt wieder eine leichte Gemüsesuppe. Den Abend sanft ausklingen lassen, mit einem Spaziergang, Lesen oder Musik hören. Am Sonntag werden Sie dann schon belohnt: Sie fühlen sich frisch, ausgeruht und gut gelaunt. Es ist, als ob mit den verlorenen Schlacken auch seelischer Müll weggeräumt wurde. Sie können nun wieder normal, aber mäßig essen. Versuchen Sie es mal und Sie werden begeistert sein. Das Ganze können Sie auch an einem Tag mitten in der Woche machen. Der Ayur-Veda empfiehlt einen solchen Reinigungstag einmal im Monat für Vata-Typen, für Pitta-Typen alle vierzehn Tage und für Kapha-Typen wöchentlich.

Reduktion von Ama (Schlacken) mit der Heißwasserkur

Mit dieser Kur können Sie Ihre Gewebe von Ama reinigen. (Ama sind im Ayur-Veda alle Stoffwechselabbauprodukte, die vorwiegend durch unzureichende Verdauung der Nahrung entstehen.) Ama blockiert die Körperkanäle und verhindert dadurch das reibungslose Funktionieren unseres gesamten Stoffwechsels im Körper. Es ist daher für eine große Zahl von Befindlichkeitsstörungen verantwortlich, wie z.B. Müdigkeit, Erschöpfung, Stimmungsschwankungen, Verdauungsbeschwerden u.v.a.m. Darüber hinaus wird es als Grundursache fast aller Krankheiten angesehen. Es verhindert oder verlangsamt den Heilungsprozeß. Alle Präparate des Maharishi Ayur-Veda, die Ihnen der Arzt empfohlen hat, wirken tiefgreifender und schneller, wenn Ihr Körper von Ama befreit ist.

Die Heißwasserkur:

1. Weniger essen, so daß "Stoffwechselschlacken" abgebaut werden können.

2. Häufiges Trinken von heißem Wasser.

3. Die Nahrung sollte leicht sein. (s. Ayur-Veda Wochenendprogramm)

Die bekanntesten Ayur-Veda-Kräuterpräparate in Deutschland

Es gibt zur Zeit etwa 100 Ayur-Veda Kräuterpräparate (Maharishi Ayur-Veda, -MA-Produkte), die bei verschiedenen gesundheitlichen Störungen angewendet werden.

Die Pflanzenpräparate sind in erster Linie zur Behandlung

von chronischen Krankheiten wie Bluthochdruck, Asthma, chronische Bronchitis, nervöse Schwäche, Muskel- und Gelenkschmerzen gedacht. Ferner bei Arthrosen, Rheuma, Migräne, chronischer Nebenhöhlenentzündung, Zuckerkrankheit, Hautkrankheiten, Nierensteinen, Magengeschwür, Magenschleimhautentzündung, Blasenentzündung, Verstopfung, Ekzemen.
Auch bei leichten Verdauungsstörungen, zur Stärkung der Nerven, besonders für Schwangere, Kinder, ältere Menschen gibt es Präparate.
All diese Pflanzen-Präparate, die absolut keine Nebenwirkungen haben, finden in der ayur vedischen Tradition seit Jahrtausenden Anwendung.
Entwickelt wurden die MA-Präparate von Dr. Balraj Maharishi, dem größten Heilpflanzenexperten Indiens. Die Präparate werden in Deutschland durch die Ayur-Veda-Ärzte verschrieben und sind über Apotheken erhältlich.
Alle Präparate sind Rasayanas, d.h. sie verbessern grundlegend den Stoffwechsel und bringen die Grundkräfte, die drei Doshas, im Körper ins Gleichgewicht. Zusätzlich haben die Präparate spezifische Wirkungen. D.h. wenn ein Organ erkrankt, dann ist das dem Organ zugeordnete Pflanzenteil in der Lage, die im Körper gestörte Ordnung wiederherzustellen.

"Arznei" aus dem Gewürzschrank
Einfache natürliche Mittel für die Gesundheit

Schauen Sie in Ihren Gewürzvorrat, und Sie werden dort einige "Heilmittel" finden. Im Ayur-Veda gibt es zahlreiche Kräuter und Gewürze, die zu Heilzwecken verwendet werden. Die meisten kennen Sie bereits, z.B. Ingwer, Curry, Zwiebeln, Kümmel, Pfeffer.

Weniger bekannt ist Kurkuma, bei uns Gelbwurz genannt.

Sie können die folgenden Empfehlungen einfach mal ausprobieren und schauen, wie Sie sich danach fühlen.

Bei Erkältungen:
1 Tl Ingwerpulver in 1 Liter Wasser aufkochen und einatmen. D.h. die Flüssigkeit in eine Schüssel geben, den Kopf darüber beugen und mit einem Handtuch abgedeckt ca. 10 Minuten einatmen.

Bei Völlegefühl:
1 Tl Fenchelsamen mit 1 Tl Korianderkörnern mit einer Messerspitze Salz rösten und essen.

Bei Verdauungsproblemen:
Mehrmals täglich ein Glas heißes Wasser mit etwas Ingwerpulver trinken.

Bei Schlafstörungen und Unruhe:
Abends die Kopfhaut mit Sesam-Öl und die Fußsohlen mit Ghee einreiben.

Bei Streß und Überbelastung:
Früh ins Bett gehen. Vorher ein Glas warme Milch mit Honig trinken.

Gegen Akne:
Aus je ½ Teelöffel Gelbwurz und Sandelholzpulver wird eine Paste für das Gesicht hergestellt.

Gegen Augenbrennen:
Hilft reines Rosenwasser (Apotheke).

Gegen Blähungen:
Werden Kardamom, Fenchel und Ingwer zu gleichen Teilen und 1 Tl der Mischung mit einer Tasse heißen Wassers aufgegossen und getrunken.

Gegen Durchfall:
½ Tasse Joghurt mit ½ Tasse Wasser und einem Teelöffel frisch geriebenem Ingwer und 1 Messerspitze Muskatnuß verrühren. Mehrmals täglich trinken.

Gegen Husten:
Ingwer und Süßholz abkochen. 2 Tl davon in eine Tasse Wasser geben mit Honig süßen. Mehrmals täglich trinken.

Gegen Kopfschmerzen:
½ Tl Ingwerpulver mit Wasser anrühren. Erwärmen und auf die Stirn auftragen.

Gegen Menstruationsbeschwerden:
Bei Unterleibsschmerzen täglich dreimal 1 Eßl. Aloevera-Gel, das mit ¼ Eßl. schwarzem Pfeffer vermischt wird trinken.

Gegen Mundgeruch:
Süßholzpulver reinigt den Mund. Das Kauen von Fenchelsamen hilft gegen Mundgeruch.

Gegen Ohrenschmerzen:
Etwas Zwiebelsaft - am besten über Nacht - in die Ohren träufeln. Hilft garantiert auch bei Kindern.

Gegen Schluckauf:
1 El einer Mischung aus 1 Teil Rizinusöl und 2 Teilen Honig einnehmen.

Gegen Schmerzen:
Eine Ingwerkompresse auflegen. Für die Kompresse werden 2 Tl Ingwerpulver und 1 Tl Gelbwurzpulver mit etwas Wasser zu einer Paste vermischt. Die Paste erwärmen und auf ein Stück Baumwolltuch geben und auf die schmerzende Stelle legen. Über Nacht wirken lassen.

Gegen Verstauchungen:
Die Stelle mit einer Mischung aus Mandel- und Knoblauchöl - zu gleichen Teilen - einreiben.

Gegen Zahnfleischbluten:
Zahnfleisch mit Myrrhe einreiben. Den Mund mit Zitronensaft (natürlichem) ausspülen.

Gegen Zahnschmerzen:
Einige Tropfen Nelkenöl auf den Zahn träufeln.

Bei Muskelschmerzen:
Ein Ingwerbad nehmen. 150 g Ingwerwurzeln reiben. In ein großes Tuch tun und unter das einlaufende Wasser in die Badewanne hängen. Das Ingwerwasser lindert die Schmerzen und entspannt.

Bei Mandelentzündung:
In ein Glas mit heißem Wasser etwas Kurkuma (Gelbwurz) und Salz geben und damit gurgeln.

Zur Förderung der Verdauung:
Lassi-Drink aus Yoghurt, Wasser, etwas Ingwer oder Kümmel mischen und schaumig schlagen.
Ideal: 1 Lassi-Tag - (3-4 Drinks) hilft Übergewicht abbauen.

Ayur-Veda für jeden Tag
Zusammenfassung der wichtigsten Ratschläge.

Wichtig ist ein regelmäßiger Tagesablauf, weil Regelmäßigkeit Vata im Gleichgewicht hält.
Vata (Luft/Raum) ist das Dosha, das aufgrund seiner Natur durch unsere Lebensweise (geistige, körperliche Überbelastung, viel Bewegung) am leichtesten gestört werden kann.

Vata über die Ernährung auszugleichen, ist nicht ganz einfach, weil alles, was Vata beruhigt, wie schwere, süße Speisen, gleichzeitig auch Schlacken (Ama) erzeugt.
D.h. solange der Körper noch Schlacken hat, ist auch hier leichtes Essen angesagt.
Was empfiehlt der Ayur-Veda für eine regelmäßige Tagesroutine?

1. Regelmäßige Ruhe und regelmäßiger Schlaf:
   Bettruhe ab 21 bis 22 Uhr.
   Einfach hinlegen, die Augen schließen.
2. Regelmäßige Bewegung und körperliche Aktivität:
   Frische Luft ist dabei wichtig. Ein- bis zweimal pro Tag.
   Leichte Yoga-Übungen am besten morgens und abends.
3. Wer meditiert, sollte dies ebenfalls zu festen Zeiten am Morgen und am Abend tun.
4. Regelmäßig essen:
   Dabei ist das Mittagessen die Hauptmahlzeit. Das Abend essen sollte leicht sein und vor 19 Uhr eingenommen werden. Auf den Sättigungsgrad achten und nach der Mahlzeit 10 Minuten sitzenbleiben.
5. Regelmäßiger Stuhlgang:
   Morgens direkt nach dem Aufstehen den Darm entleeren. Und wer glaubt, es geht nicht, sollte es trotzdem versuchen, denn ein regelmäßiges Training unterstützt den Darm.

6. Ganzkörpermassage am Morgen:
   Vor dem Duschen oder Baden den Körper von Kopf bis Fuß mit Sesam-Öl leicht einmassieren. Bei starken Kapha-Störungen empfiehlt sich eine Trockenmassage mit Seidenhandschuhen aus Bourette-Seide (selber genäht).
7. Heißes Wasser - ein "Muß"
   Zur Förderung des Stoffwechsels und zum Ausspülen der Stoffwechselschlacken (Ama) im Körper wird stündlich in kleinen Schlucken heißes Wasser getrunken. Die Menge richtet sich nach dem individuellen Durstgefühl. Der Ayur-Veda empfiehlt, das Wasser 10 Minuten kochenzulassen, so verbessert sich der Geschmack und das Wasser dringt besser in die Körperzellen ein.
   Am besten eine Thermoskanne bereitstellen.

Adressen

Ayur-vedische Reinigungskuren werden durchgeführt von:

Maharishi Ayur-Veda Gesundheitszentrum Schledehausen
(bei Osnabrück). Am Berg 11
5416 Bissendorf 2, Tel. 05402-7551

Maharishi Institut für Ayur-Ved
Breitenbrunnen7595 Sasbachwalden / Schwarzwald
Tel 07841-21051

Österreichische Gesellschaft für ayur-vedische Medizin
Biberstrasse 22, A-1010 Wien
Tel. 0043 / 222 5127859

Hier erhalten Sie auch weiterführende Informationen über Maharishi Ayur-Veda. Legen Sie Ihrer Anfrage bitte einen adressierten und frankierten Rückumschlag bei.

Bibliographie

J. Anderson und Bill Stevens, *"Das ist es"*, Hamburg 1988"

Linda Banchek *"The Ayurveda Cookbook"*, Orchid & Herbs Press, Fairfield, Iowa 52556, U.S.A.

H. Bloomfield, *"Das Glückspotential"*, B. Kleine Verlag, Bielefeld

Dr. Deepak Chopra, *"Gesundsein aus eigener Kraft"*, BLV, München

"Mit Ayur-Veda zu neuem Denken über Krankheit und Gesundheit"

"Die Rückkehr des Rishi" Junfermann Verlag, Paderborn

"Die heilende Kraft" G. Lübbe Verlag, Bergisch Gladbach

F. Gottwald, W. Howald, *"Selbsthilfe durch Meditation"*, mvg-Verlag, Landsberg/L.

Harish Johari, *"Das Ayurweda Kochbuch"*, Windpferd, Aitrang

"Die Grundlagen der ayurwedischen Kochkunst" Windpferd, Aitrang

"Die sanfte Kraft der edlen Steine", Windpferd, Aitrang

Dr. Vasant Lad, *"Das Ayurweda Heilbuch"*, Windpferd, Aitrang

Dr. Vasant Lad / David Frawley, *"Die Ayurweda Pflanzenheilkunde"*, Windpferd, Aitrang.

S. Sharamon / B. J. Baginski

Das Chakra-Handbuch

Vom grundlegenden Verständnis zur praktischen Anwendung

Dieses Buch bietet eine umfassende Anleitung zur Harmonisierung unserer feinstofflichen Energiezentren. Das Wissen um die Chakren vermittelt uns tiefe Einsichten über die Wirksamkeit der subtilen Kräfte im menschlichen Organismus. Zur praktischen Chakra-Arbeit beschreibt das Buch präzise eine Fülle von Möglichkeiten: die Anwendung von Klängen, Farben, Edelsteinen, Mantren und Düften mit ihren spezifischen Wirkungen auf die einzelnen Energiezentren, ergänzt durch verschiedene Meditationen, Körperübungen, Atemübungen,Naturerfahrungen

256 Seiten, DM 19,80
ISBN 3-89385-038-4

John Mann und Lar Short

Der feinstoffliche Körper

Einweihung in Theorie und Praxis der Erweckung des Energiekörpers

Jeder Mensch besitzt einen feinstofflichen Energie-Körper, aber nur wenige wissen von seiner Existenz, sind in der Lage, ihn bewußt wahrzunehmen und praktisch zu erfahren.
Kundalini, Chakraenergie, Meridiane, die drei Körper, Aura, das dritte Auge, Nadis, Tantra, Yantra, Yidam, sind Begriffe, die in unmittelbarem Zusammenhang mit den Phänomenen des feinstofflichen Körpers stehen, und die in dem umfassenden und reich illustrierten Werk von John Mann und Lar Short klar und einprägsam erklärt werden.

219 Seiten, DM 19,80
ISBN 3-89385-072-4